그저 좋아서

소망이 담긴 수상

그저 좋아서

소망이 담긴 수상 · 정범모 저

학지사

머리말

어느 새 구순을 넘었는지 스스로도 믿어지지가 않는다. 물론 몸은 청·장년기처럼 날쌔지는 않지만, 마음은 지금도 꼭 소년기처럼 어리고 여리다고 생각하고 있다. 그래도 어쩔 수 없이 나이 때문에 밖에서 야외활동이나 사회활동을 하는 시간은 줄어들고, 집 안에 들어앉아 책을 읽거나 글 쓰는 시간이 많아졌다. 그러다 보니 머릿속에서는 갖가지 생각, 상념이 도리어 그 전보다 훨씬 더 많이 무성하게 스쳐 간다.

그런 회상 중에는 혼자 마음에 담고 있어야 할 것도 있지만, 글벗들과 나누고 싶은 생각도 많다. 나이 탓에 직접 사회활동에 참여하고 있지 않은 '황혼기'에 쓰는 회상은 지난날의 얘기이면서도 실은 내가 참여할 수 없는 내일의 이 나라에 대한 소망을 담게 되는 경우가 많다. 여기에 실린 글도 예외는 아니다.

나는 7년 전 친구와 후학의 권유로 『그래, 이름은 뭔고?』라는 회고 성격의 산문집을 펴낸 일이 있다. 듣기 좋으라고 한 말인지도 모르나, 많은 사람이 즐겨 읽었다고 일러 주었다. 이제 다시 주위의 지인들이 구순을 기념으로, 그 후에도 회상이 많을 터이니, 그것을 글로 옮기기를 권해서 그 속편으로 이 산문집 『그저 좋아서』를 썼다. 본래 읽고 생각하고 쓰고 연구하고 강의하는 대학교수로 오랜 기간 살아온지라 연구와 강의는 중단했어도 지금도 읽고 생각하고 쓰는 버릇은 쉬 버리지 못하고 있나 보다.

　　이 책에는 전에 내가 쓴 책들 속의 몇몇 생각이 반복되어 있기도 할 것이고, 생각나는 대로 쓴 산문이기 때문에 장과 항은 편의상 묶어 놓았지만 거의 서로 순서도 연관 없는 독립된 글이다. 따라서 앞뒤에 좀 중복되는 부분도 있다는 점을 밝혀 둔다.

　　누구에게나 삶의 회상은 무진한 법, 내 경우도 매한가지다. 여기 수록한 내 몇몇 회상의 산문이 읽는 분에게 조금이라도 어떤 재미나 참고가 되기를 바란다.

2015. 3. 1.

鄭 範 謨 적음

차 례

1. 방패연

방패연

나는 어려서부터 방패연을 만들 줄 안다. 길쭉하게 네모 난 방패 연은, 그냥 멋없이 하늘 높이 떠 있기만 하는 여느 연과는 다르다. 연자새(연실을 감고 풀고 하는 얼레)를 잘 놀리면 방패연은 위로 충천으로까지 솟아오르기도 하고 아래로 먼 데 집들 지붕으로까지 곤두박 질 치다가 다시 떠오르기도 하며, 좌우 옆으로 날아가기도 하는 재 주를 부린다. 내가 아는 한 그런 재주를 부리는 연은 다른 나라엔 없 다. 그런 점에서는 세계 문화재로 등재할 만하다는 생각도 든다.

연자새를 놀려서 그렇게 연을 마음대로 상하좌우로 날리고 있으 면 꼭 내가 하늘을 날아다니는 듯한 상쾌감을 느낀다. 연실을 100미 터, 200미터, 300미터까지 길게 풀면 연은 저 멀리 까마득한 점이 된 다. 그 멀리에서도 연자새 놀림대로 연은 상하좌우로 재주를 편다.

하지만 방패연 만들기는 그리 쉽지 않다. 나는 방패연 만드는 방법을 초등학교 5학년 때 동네 할아버지가 만드는 것을 옆에서 유심히 보고 배웠다. 우선 적당한 길이와 굵기의 대나무를 잘게 다섯 개로 쪼개 내고, 그것을 길이 약 45센티미터, 너비 5밀리미터, 굵기 1.5밀리미터 정도로 잘 드는 칼로 고르게 깎아서 연살(연의 뼈대)을 만드는 일이 제일 힘들고 어려운 일이다. 다음, 길이 약 40센티미터, 너비 약 30센티미터의 갸름하게 네모난 백지(전통 한지) 가운데를 알맞게 둥글게 오려 내고, 다섯 개의 연살을 붙여야 한다. 그다음 실로 연줄을 맨다. 이때 종이도 연살도 연줄도 좌우가 완전히 대칭으로 똑같아야 한다. 그렇게 하지 않으면 연은 위로 똑바로 솟아올라가지 않고 비스듬히 올라가다 뱅뱅 돌기만 한다. 그러면 모든 노력의 과정이 수포가 되고 만다.

이 모든 과정엔 세심한 주의와 섬세한 손재주가 필요하다. 자칫 주의가 느슨해지면 연살을 깎다가 연살을 너무 가늘게 깎아 버리거나 부러뜨리기도 하고, 종이에 연살을 잘못 붙여 대칭이 어긋나기도 한다. 자주 연을 만들다 보면 손재주도 늘어나서 그런 실수도 적어진다.

이렇게 방패연을 손수 만드는 과정에서 아이들은 대나무의 성질, 한지의 성질도 체험하게 되고, 직사각형, 원, 대각선이 뭔지도 직감하게 된다. 옛날 아이들은 방패연만 아니라, 여러 장난감이나 놀잇감을 요새 아이들처럼 완제품을 돈 주고 사는 것이 아니라 손수 만들어야 할 경우가 많았다. 팽이도 깎아 만들고, 썰매도 만들었다.

인간은 네 발로 다니던 원숭이가 두 발로 다니는 직립 인간으로 진화하고, 앞 다리가 손이 되면서부터 두뇌가 비약적으로 커지면서 지능이 진화해 왔다고 한다. 더구나 다른 동물들처럼 손가락 다섯이 다 같은 방향으로만 움직이는 것이 아니라, 그중 엄지는 다른 손가락과 '마주 잡는 엄지'가 되면서 섬세하게 물건을 쥐고 여러 가지로 조작하는 능력이 발달했고, 그와 동시에 지능이 더욱 치밀하게 발달했다고 진화론자들은 믿고 있다. 즉, 손놀림, 손가락 놀림이 지능 발달과 관계가 깊었다는 말이다.

그렇다면 지금도 유년기·소년기의 아이들이 장난감, 놀잇감, 쓸감을 다 완제품으로 사서 쓰게만 할 것이 아니라, 스스로 이것저것 만지고 자르고 깎고 모으고 붙이고 하면서 손수 만들어 보게 하는 여러 '공작' 경험이 지능 발달에 도움이 되는 것이 아닐까? 기실 갓난아이들도 손에 뭘 쥐어 주면 꽉 쥐고 흔들면서 놓으려 하지 않는다. 손놀림을 연습하는 것이다. 좀 자라나면 물건을 만지고 물고 흔들고 던져보고 가만히 놓아두지를 않는다. 그 나름의 '공작' 활동이다.

그런 '공작' 경험에는 더 중요한 장점이 있다. 자기 손으로 어떤 물건을 만들어 냈다는 경험은 자신의 능력감, 자신감과 더불어 자아 충만감을 북돋아 준다는 점이다. '내가 이런 일을 해 냈다!'는 성취감과 충만감은 정신건강에 극히 중요한 자양분이다. 내가 만든 팽이가 오래 잘 돌아가고, 내가 만든 썰매가 신나게 잘 미끄러져 나가는 것은 아빠가 사 준 팽이가 잘 돌고 썰매가 잘 나가고 할 때의 기분과는 기쁨의 질이 다르다.

내가 만든 방패연이 저 멀리 창공에서 내가 부리는 대로 위, 아래, 옆으로 휘날리는 것을 보는 성취감과 상쾌감은 달리 비할 데가 없다. 몇 해 전까지만 해도 나는 매년 정월이면 새로 방패연을 만들어 마당에서 옥상에서 들에서 휘날리곤 했다. 충북대학교 재직 시절에도 연을 만들어 옥상에서 신나게 날리고 있었더니, "총장이 연을 다 날린다!"는 소문이 나서 한동안 그만둔 적이 있다.

이런 방패연 만들기가 한국의 문화재로 등록할 만도 한, 쉽지 않은 비법(秘法)이라면, 내 그 비법을 누구에게 전수해야 할 텐데, 그 전수를 받을 아이나 젊은이가 마땅치가 않다. 요새 아이나 젊은이들은 손재주를 쓰는 일엔 별 관심도 없고 그런 능력도 영 신통치가 않다.

떡 돌리기

　도시에선 이웃 사이에 정이 없다. 특히 경제 발전의 여파로 커진 대도시에서는 더 서로 비정(非情)하다. 같은 이웃, 같은 아파트에 살면서 가끔 마주쳐도 소 닭 보듯 서로 모르쇠다. 서로 상관하지도 않고 상관하지도 말라는 셈이다. 어쩌다 내가 인사를 하면 마지못해 계면쩍게 눈대답을 하는 정도다. 대도시에선 왜 이렇게 이웃의 정이 없을까?

　나는 어렸을 때 아주 시골 농촌은 아닌 소도시, 짐작에 인구 1, 2만 정도였을 소도시에서 살았다. 그래도 이웃의 정은 아주 두터웠다. 우리 집에서 어떤 계제에 특별한 음식, 예컨대 떡, 빈대떡, 팥죽 등을 만들면 으레 이웃 대여섯 집에 한 접시, 한 그릇씩 나누어 주었다. 그렇게 돌아가며 떡을 돌리는 심부름은 대개 꼬마였던 내가 맡았다. 이 집 저 집에 들러 떡 접시를 드리면, 그 집에선 떡은 딴 그릇에 옮겨 담고 빈 접시에 나 먹으라고 엿도 몇 조각 담아 주고, 곶감, 대추, 밤도 담아 주곤 했다. 물론 이웃집에서도 우리 집에 빈대떡도 보내고 호박죽도 보내곤 했다. 그때마다 정이 오간다. 김장 같은 큰일이 있는 날엔 으레 옆집 아주머니들이 와서 도와주기도 했고, 우리 어머니도 옆집 큰일이 있으면 가서 도와주셨을 것이다.

어렸을 적에 가끔 어쩌다 내가 몹쓸 짓을 저지르면 어머니께서 회초리를 가지고 오라고 명령하셨고, 할 수 없이 갖다드리면 그것으로 종아리를 맞곤 했다. 한 대 맞으면 나는 큰 소리로 울어댄다. 그러면 영락없이 곧 옆집 아주머니가 뛰어와선 "착한 아이를 왜 그러세요!"라고 어머니를 말린다. 그러면 어머니도 마지못해 회초리를 놓는다. '매―큰 소리로 울기―옆집 아주머니―매 끝'이 조건반사가 되었던 기억이 있다. 옛날 작은 동네에서는 옆집 아이도 내 아이처럼 여겼다.

동무 집에서 같이 정신없이 놀다가 점심때나 저녁때가 되면 그집 어머니가 내게 "저녁때가 되었으니 이제 집에 가서 저녁 먹어야지."라고 이르는 법은 거의 없었다. 거의 언제나 그 집에서 마련하는 저녁을 천연덕스럽게 같이 먹게 되는 것이 상례였다. 같은 식구처럼 여겨졌던 셈이다. 서로 가난해도 서로의 정은 넉넉했다. 이웃에 살면서도 소 닭 보듯이 오불관언하는 대도시와는 다르다.

누군가 현대인은 물질적으로는 풍요해도 정서적·사회적으로는 가난하다고 했다. 수긍이 가는 말이다. 이에 비하면 옛날 농촌이나 소도시에서는 사람들이 물질적으로 가난해도 사회적·정서적으로는 풍요했다. 기실 가난한 시절엔 호구지책을 마련하는 일 이외엔 달리 별로 할 일이 없었다. 영화관도 없고 라디오도 없고, 텔레비전이나 스마트폰도 없어서, 서로 얼굴을 맞대고 이야기를 나누며 즐거움과 슬픔을 나누는 것이 재미였을 것이다. 하지만 나라 전체가 가난했던 옛날에도 서울 같은 대도시에선 역시 이웃집끼리 냉랭하고 상관하지 않는 것은 매한가지였다. 하기는 아주 단순화하면, 대도시엔 예나 지금이나 풍요와 권력이 집중되어 있고, 그것을 찾아 제각기 아귀다툼을 벌이기에 여념이 없는 사회다. 그래서 풍요한 사회, 대도시 사회는 정신적·사회적으로는 가난한 사회가 될 수밖에 없는 것인가?

풍요의 사회, 대도시 사회에도 학교·직장·협회 등에서 사람들이 서로 어울려 살아야 하는 인간관계·사회관계는 많고 다양하다. 그런 어울림 없이는 풍요의 추구도, 권력의 추구도 실은 불가능하다. 그러나 그런 사회는 대부분 서로 제각기 어떤 이익을 찾으려는, 이른바 '이익 사회'일 뿐이고, 그런 이해관계의 관심은 없이 그저 인정으로 맺어진 '공동 사회'는 아니다.

이웃을 나와 아무 이해관계가 없어도 그저 같은 인간이기에 귀하고 반갑게 여기는 관심만 있다면 그만큼 물질적으로 풍요한 대도시의 사회도 정서적으로 풍요해질 수 있을 것이다. 이웃집에 떡을 돌린 것은 우리 어머니가 옆집의 어떤 덕을 바라고 돌리게 한 것은 아닐 것이다. 그저 옆집 사람들에 대한 정 때문이었을 것이다. 어떤 도시 행정, 어떤 사회 캠페인을 벌이면 대도시에도 정이 흐를 수가 있을까?

심심한 시간

　내가 아는 젊은 대학교수 부부는 연년생으로 보이는 초등학교 1, 2학년쯤 되는 남매에게 텔레비전이나 인터넷 또는 스마트폰 따위는 일체 안 보게 하며 기르고 있다고 한다. 집엔 그 흔한 텔레비전도 없다. "왜 그러세요? 그러면 아이들이 심심해하지 않아요?"라고 물었더니, "아이들은 심심한 시간이 있어야 혼자 생각도 하고 상상도 하고, 스스로 재미있는 일을 찾아서 거기에 열중하기도 합니다."가 그들의 대답이었다. 교육학·심리학을 전공한다는 나에게 그 말이 한편 약간의 충격도 주고 또 한편 기꺼운 공감도 주었다. '지금 이 세상에 그렇게 아이를 기르는 부모도 있구나!' 하는 놀라움과 반가움이었다.

　대신 그 부모는 아이들이 더 어렸을 때부터 집에서 만지고, 붙이고, 짜 맞추고, 만들고, 그림 그리고, 읽고, 쓰고 등 여러 가지 '일'을 할 수 있는 '자료'를 충분히 마련해 놓았다고 했다. 또한 틈이 있으면 아이들을 야외에도, 미술 전람회에도, 시장에도 데리고 나간다고 했다.

기실 정보통신기술과 매스미디어가 극도로 발달해 있는 현대에서는 어른도 제대로 소화해 낼 수 없는 '과잉 자극'의 세계에서 살고 있다. 특히 어린아이에게는 과잉·과속의 자극의 세계는 마치 과식이 배탈이 되듯이 도리어 정신적으로 해가 될 수도 있다. 따라서 텔레비전, 인터넷, 스마트폰이 쏟아 붓는 싫어도 수동적으로 받아들여야 하는 과잉 자극의 폭우에서 아이들을 보호하려는 그 젊은 교수 부부의 육아 철학은 단연 옳다. 다만, 그 교수 부부가 그렇게 아이들에게 여러 '자료'를 적극적으로 마련해 주는 경우처럼, 아이 스스로가 능동적으로 관여하고 작동함에서 얻는 자극이나 정보는 극히 중요하다.

아이들이 과잉 자극, 과잉 정보에 휘말리는 것은 여러 장애의 원인이 된다. 우선 여러 사물에 대한 아이들의 지식이 비정상적인 지식, 설익은 이해, 때로는 그릇된 관념에 멈추고, 그 깊고 정확한 뜻의 이해에는 이르지 못하게 하는 경우가 많다. 더 무서운 폐해는, 일종의 정신질환으로 여기는, 약칭 ADHD로 부르는 '주의력결핍 과잉행동장애'다. 주의력결핍증이란 어느 일 하나에 지긋하게 정신을 집중하지 못하고 주의가 이리저리 산만하게 흩어져 돌아다니기만 하는 질환이다.

책을 읽거나 강의를 듣거나 공작을 하거나 하는 모든 일, 모든 활동엔 반드시 얼마 동안 한 곳에 지긋이 정신집중, 즉 주의를 쏟을 필요가 있다. 그러지 않으면 일을 해 낼 수가 없다. 주의력결핍증이 심하면 모든 사고가 불가능해진다. 무엇을 생각한다는 것은 일정한 시간의 주의가 필요하기 때문이다. 학교에서 공부를 잘못하는 학습장애아 중에는 게으르거나 지능이 낮아서가 아니라 이런 주의결핍증이 원인인 경우가 생각보다 많다. 이런 주의력결핍 학생은 부산하다. 그야말로 '마음 둘 곳을 모르고' 허둥지둥 대기만 한다. 어떤 한 일에 지긋이 머무르지 못하고 이것저것 부산을 떨며 소란을 피우게 된다.

본래 인간의 사고 작용은 '자극' 발생적인 사고와 '자아' 발생적인 사고로 나눌 수 있다. '자극' 발생적 사고는 외부로부터 들어오는 자극에 반응하는 사고다. 예컨대, 맛있어 보이는 음식을 보면 먹어 보고 싶다는 생각이 드는 것은 자극 발생적 사고다. 즉, 외부 자극이 원인인 사고다. 이와 대조적으로, '자아' 발생적 사고는 눈앞의 여러 자극과는 무관한, 과거의 모든 경험을 소재로 해서 스스로 여러 가지 생각을 하고 상상도 하는 사고다. 가장 자아 발생적인 사고는 밤잠에서 꾸는 꿈이다. 꿈 꿀 때는 밖의 자극은 없다. 조용한 명상도 자아 발생적이고, 공상, 상상, 가상할 때도 그렇다. 그리고 '심심한' 시간, 푹 쉬는 시간에 그런 공상, 상상, 가상이 활발하다.

자아와 관련 없이 자극에만 따라 발생하는 사고는 주의결핍증적인 사고이고, 아무 자극도 관여 없는 사고는 그야말로 몽상적 또는 환상적인 사고다. 정상적이고 생산적인 사고는 두 가지 사고의 적절한 조합으로 이루어진다. 새 자극과 정보를 적절히 받아들이기도 하고, 그것을 적절히 소화하는 자체 사고도 있어야 한다. 하지만 근래 우리 사회가 절실하게 바라고 있는 '창의력'을 가진 인물들은 대개 자아 발생적 사고의 성벽이 강한 사람들이다. 즉, 적절한 자극, 정보, 경험을 받아들이되, 그것들을 넘어 자체적인 상상, 공상, 가상을 풍부하게 할 줄 아는 사람이다.

이런 창의적인 인물은 텔레비전·인터넷·스마트폰 중독자에게서는 출현할 가능성이 거의 없다. 창의적 아이디어는 가끔은 '심심한' 시간 또는 이런저런 일에 바쁜 중에도 일부러 스스로 쉬고 공상하는 시간을 가질 수 있는 사람에게서 출현한다. 그래서 나는 그 젊은 대학교수 부부의 육아 철학에 전폭 찬동한다.

일전에 한 초등학교 5학년 아이의 어머니가 나에게 이런 질문을 했다. "다른 집 아이들은 다 과외에, 학원 가기에 바쁜데, 우리 집 아이는 어떻게 해야겠습니까?" 많은 부모가 고민하는 문제일 것이다. 나는 직답했다. "학교 공부는 열심히 잘하라고 타이르세요. 그 이외엔 학원 같은 데 보낼 것 없이 음악이건 그림이건 역사소설이건 마음대로 자기 하고 싶은 일에 열중할 수 있고 가끔은 심심해서 공상도 할 수 있게 하세요."

아이들은 놀아야

　나는 어린 시절에 참 많이 여기저기를 쏘다니며 놀았다. 동무 서넛이 같이 몰려다니기도 하고 혼자 어슬렁거리며 다니기도 했다. 내가 어릴 때 자라난 고장들은 소도시여서 여러 상점이 즐비한 번화가도 있고, 거기를 조금만 벗어나면, 넓은 들과 산, 맑은 개울도 있는 전원 풍경이 펼쳐지는 곳이었다. 한 고장에는 물이 없는 해자로 둘러싸인 노송들이 줄지어 우거져 있는 고풍스러운 성곽이 있었고, 그 한 군데는 허물어져 있어 오르내리고 뛰놀기에 더 없이 좋은 놀이터였다.

　번화가를 다니면서 이 가게 저 가게를 기웃거리고, 특히 작렬하는 쇳덩어리를 큰 망치, 작은 망치로 두들겨 칼, 호미, 쟁기 등을 만들어내는 대장간은 언제나 한참 구경하게 되는 단골이었다. 봄 단오엔 그네 시합, 자전거 경주가 구경거리고, 여름엔 개울에 가서 멱도 감고, 곤충 채집을 한다고 산 속을 헤매고, 겨울이면 썰매 타기에 바빴다. 설날 전후엔 연날리기, 연싸움이 볼거리였다. 연싸움에서 잘려져 나가 너울너울 흘러가는 연을 잡으러 여럿이 달려가기도 했고, 며칠마다 열리는 꽤 넓은 장터는 구경거리가 아주 많았다. 각종 생선, 필목, 과일, 곡물, 농기구들이 진열되어 있어서 궁금한 것이 많았다. 그 외에도 동무들과 같이 사방을 쏘다니면서 보고 겪었던 재미있던 일을 열거하면 한이 없다.

이 모두는 오늘 식으로 따지면 GDP 50불도 안 되었을 몹시 가난했던 시절, 산과 들과 개울이 있는 전원 속의 소도시에서 살던 시절, 오늘날처럼 아이들이 부모의 성화로 어려서부터 '공부 압력'에 시달리지 않던 시절의 이야기다. 지금 한국은 당당히 GDP 2만 불을 넘은 발전된 풍요의 나라다. 그러나 지금은 도시화율 92%로 옛 소도시마다 고층 아파트, 빌딩들이 전원 풍경을 급속히 '파괴하고' 있는 나라, 출세와 부를 위한 극심한 경쟁 사회에서 아이들마저 어려서부터 '입시 경쟁'에 휘말려 있는 나라에서, 아이들은 도리어 자유분방하게 놀 수 있는 자연과 기회와 시간을 박탈당하고 있는 것이 아닐까? 그래서 충분한 영양으로 신체 발육은 전에 없이 건장해졌지만, 정신적으로는 각종 장애에 시달리고 있는 것이 아닐까?

물론 넉넉한 집안에서는 아이에게 장난감도 많이 사 주고 가끔 아이들을 데리고 소풍도 간다. 그러나 놀이의 폭과 재미는 옛날에 비하면 턱없이 빈약하다. 더구나 지각없는 부모는 어려서부터 아이를 인터넷이나 스마트폰 중독증에 빠지게 한다. 인터넷이나 스마트폰은 자연적·구체적인 현실이 아니고 박제된 또는 가상의 현실일 뿐이다. 그런 왜곡된 현실에 파묻히면 실제 현실 감각 자체가 왜곡되고 비현실화된다. 인터넷과 스마트폰은 정 필요할 때만 써야 한다. 그것을 가지고 노는 것은 도리어 해독이고, 그런 시간은 공상이나 상상으로 보내는 것이 더 건강하다.

근래의 통계에 의하면, 한국인의 자살률이 세계 1위고, 사망 원인 중 4위다. 젊은이 사망 원인에서는 자살이 1위를 차지하고 있다. 한국인의 우울증은 극히 심각한 수준이다. 옛날에는 초·중학교 학생의 자살이란 들은 적이 없었다.

이런 현상은 물론 발전하는 사회의 극심한 경쟁 문화가 낳은 다요인적인 현상이다. 하지만 거기에 어린아이 시절부터 자유분방한 놀이의 시절을 잃고 자란 것이 그 불행감의 기층을 형성하고 있는지도 모른다.

본래 사람의 신체·생리 구조는 줄곧 책상 앞에 앉아 있기에 적합하게 만들어진 것이 아니다. 걷고 뛰고 달리고, 쥐고 잡고 흔들고 힘쓰면서 움직이기에 적합한 구조다. 충분히 움직이지 않으면, 그 자체가 여러 가지 신체적·정신적 장애로 이어진다. 아이들의 놀이는 거의 대부분 몸을 움직이는 놀이다. 그리고 그런 놀이는 거의 다 동시에 활발한 지적·정서적·사회적 작용을 수반한다. 즉, 아이들의 놀이는 그냥 재미에 그치는 놀이가 아니라 풍부한 지능, 정서, 사회성 등의 정신적인 발달에 꼭 필요한 활동이다. 놀이라면 흔히 술 마시고 법석 떨고 놀이 아닌 놀음으로도 전락하는 어른들의 소모적인 놀이와는 다르다.

근래 신경생리학자들은 인간의 정신 작용은 지능과 정서와 신체

셋이 다 같이 관여하고 다 서로 영향을 주며 진행한다고 증언하고 있다. 셋 중 하나가 부족하거나 지장이 있으면 그것이 곧 다른 것의 지장으로 이어질 수 있다는 말이다. 특히 신체 운동이 지적 작용에 활력을 부여한다는 연구가 속출하고 있다. 이 말은 충분히 뛰노는 아이들이 지능이 더 높아지고, 책상 앞에 앉아만 있는 아이는 도리어 머리가 둔해질 가능성이 많다는 것을 뜻한다.

일이 많고 바쁜 발전 사회는 '어른의 사회'고 '어린이의 사회'가 아니기 쉽다. 그러나 발전 때문에 옛날과 같은 전원의 풍경이 신도시의 고층 아파트 그늘에 사라져 가고, 대자연의 놀이터와 정겨운 시장 바닥이 사라져 가는 현대 사회에는 아이들이 분방하게 활발히 놀고 구경하고 다양한 경험을 할 수 있는 터전과 기회를 마련해 주어야 할 책임이 있다. 동시에 무엇보다도 아무리 교육열이 높기로 유명한 나라일지라도 아이는 공부만 해야 한다는 극성맞은 부모의 생각은 바뀌어야 한다. 정말 아이의 지능을 활발히 발달하게 하기 위해서라도 말이다.

자극 과잉

　푸른 하늘, 흰 구름에 나지막한 산과 넓은 논밭의 들만 보이고 저만치 작은 동네가 보이는 시골길을 지나가노라면, 마음이 그렇게도 편안하고 한가로워진다. 그러면서 자기 성찰과 사색의 시간마저 갖게 된다.

　이와 대조적으로 서울 같은 대도시에서 눈을 엄습해 오는 가지가지 상점의 상호와 선전 문구의 간판이 어지럽게 즐비한 거리는 우리에게 일종의 정신착란증의 원인이 될 수 있다는 생각이 들 때가 많다. 그렇다고 서울 거리를 눈 감고 다닐 수도 없고, 눈 뜨고 다니자니 나에게 아무 필요도 없는 번잡한 간판, 자극, 정보가 눈에 마구 무수히 쏟아져 들어온다. 상황이 이렇다보니 순간적이나마 거기에 마음이 쓰일 수밖에 없고, 잠시나마 가벼운 정신 산만, 정신 착란을 겪을 수밖에 없다.

거리의 간판이 너무 많고 어지럽고 미관상도 좋지 않다고 해서 서울에선 '간판 간소화' 작업이 있었다. 여러 가게의 간판을 같은 글씨로 균일하게 붙이거나 한군데 몰아서 붙여 놓기도 했다. 덜 요란하기는 하지만, 그래도 눈에 들어오기는 매한가지다. 또 거리엔 상호와 광고만이 아니라 교통 주의, 각종 현수막과 표어를 적은 구조물도 즐비하다.

몇 십 년 전에 방문해서 지금은 어떤지 모르지만, 그때 홍콩 거리, 태국 방콕의 거리는 당시 서울보다 상호와 선전물의 간판이 훨씬 번잡하고 많았다. 그에 비하면 당시 뉴욕이나 파리 또는 런던의 거리는 그런 간판이 훨씬 적었다. 남의 눈을 끌려는 거리 간판의 많고 어지러움이 '후진국'의 특징이 아닌가 하는 생각마저 들었다.

그렇지 않아도 현대사회는 지식, 정보, 자극이 과잉된 사회다. 텔레비전 채널도 근 100개에, 셀 수 없이 많은 프로그램이 각양각색으로 사람들을 유혹한다. 기업들은 매일 같이 신상품을 만들어 내고, 과학, 학문도 매년 새로운 지식을 양산하고 있다. 이런 자극과 정보과잉의 세계에서는 도리어 적절하게 정보와 자극을 선택해서 수용하는 지혜와 더불어 때로는 건전한 '소화'를 위한 '자극 단절'의 시간이 필요하다는 생각이 든다.

지하철을 타 보면 많은 사람이, 때로는 태반이 스마트폰에 열중하고 있는 것을 본다. 그 사람들 중 상당수는 일컬어 ADHD 증세를 겪고 있는 사람이라고 추측한다. 이른바 인터넷 중독증, 스마트폰 중독은 ADHD 증세를 겸한다. 전철 타고 무료한 시간을 좌선에서 그러하듯이, 눈을 반쯤 감고 사색과 명상을 하며 보내는 것이 정신건강에 훨씬 더 좋을 것이다.

불교에서의 좌선, 즉 반가부좌하고 반쯤 눈을 감고 무념무상으로 명상하는 시간은 말하자면 '자극 단절'의 시간이다. 외부 자극에 이리저리 휘둘리지 않고 자신의 정신세계를 깊이 성찰하는 시간이다. 근자에 좌선의 정신건강상의 효능 때문에 미국, 유럽에서 그 관심이 높아지고 있는데, 도리어 본고장이라고도 할 수 있는 한국에서는 관심이 저조한 편이다.

교육학, 심리학에서도 과잉의 자극, 정보, 지식은 여러 문제를 해결하는 사고력, 특히 창의적 사고력의 신장과 발현에는 도리어 방해가 된다고 말하고 있다. 각자 영역의 기본적인 정보와 지식은 필수로 간직하고 있어야 하고, 참고할 만한 다른 영역의 교양을 지니는 것도 바람직하다. 그러나 다른 것과 별 관계가 없거나 관계를 잇지도 못하는 '비활성적인' 지식은 사고에 별 도움이 안 될 뿐더러 창의에는 도리어 방해가 된다. 그런 지식의 과잉은 기존의 방식에 너무 얽매여 있게 하기 때문이다.

특히 창의력의 두드러진 한 특징은, 창의적인 아이디어는 기존 지식을 동원해서 집중적으로 궁리하는 시간에는 잘 떠오르지 않고, 잠시 연구를 다 잊고 늘어지게 쉬고 있는 '망중한'의 시간에 갑자기 번개처럼 돌출한다는 것이다. 아르키메데스의 부력 원리의 발견이 그랬고, 뉴턴의 만유인력 발견도 그랬고, 그런 예는 수도 없이 많다. 잠자는 시간 꿈에서 창의의 힌트가 번뜩이는 경우도 수두룩하다. 늘어지게 쉬는 시간 그리고 잠자는 시간은 일단 모든 자극을 배제하고 단절한 시간이다.

요새는 전국 방방곡곡 전기가 들어가 있어서 어디로 가든 아무 전등불도 없는 칠흑 같이 캄캄한 밤을 만나기 어렵다. 언젠가 차로 시골길을 가다가 문득 전등불 하나 없는, 지척을 가누기 어려운 정말 칠흑 같이 캄캄한 곳을 만난 적이 있다. 나는 오래간만에 만난 칠흑 같은 밤이 반가워서 차를 멈추고 내려서 한참이나 그 어두움을 감상하고 즐겼다. 흐린 날이었던지 하늘엔 별도 보이지 않았다. 정말 아무 자극도 없고 마음을 무척 편하게 해 주는 암흑이었고, 내 자신의 생각만 머릿속에서 왕래했다. 유명한 작가들이 대개 '쓸데없는' 자극이 적은 전원 시골에 가서 대작을 구상하고 집필했던 것을 이해할 수 있을 듯했다.

2. 스포츠

인간은 '동'물

　머리 좋고 공부 잘하는 아이는 대개 몸은 약골인 편이라는 통념이 있다. 그래서 '창백한 인텔리'라는 말도 생겼다. 그러나 이런 생각은 통계적으로도 맞지 않고 지능의 발달과 작용 원리에도 맞지 않는다. 도리어 많은 아이를 대상으로 지능과 체력의 관계를 조사한 여러 연구는 체력과 건강이 좋은 아이들이 머리가 좋은 편이라는 통계를 보여 준다. '건강한 신체에 건강한 정신이 깃든다.'는 옛 희랍 올림픽의 모토가 옳다는 말이다.

　본래 인간을 포함하는 모든 동물은 잘 움직여야 살아갈 수 있다. 그 이름부터 '동'물, '동'해야 사는 존재다. 먹이도 쫓아가서 잡아먹어야 하고, 나를 잡아먹으려는 포식자가 나타나면 빨리 도망가기도 해야 살아남는다. 그러려면 무엇을 어떻게 잡아먹을 수 있는지 그리고 어디로 어떻게 도망가야 하는지를 궁리도 해야 한다. 즉, 머리로 생각도 해야 한다. 더구나 먹이나 포식자와 맞대결을 해야 할 경우엔 더 머리를 써야 한다. 그렇게 '움직여야' 하고 '궁리해야' 하는 과정에서 지능이 발달해 갔다는 것이 진화론이다.

더구나 맹수와 대적할 수 없는 연약한 원숭이의 후예인 인간은 살아남으려면 더 많이 움직여야 하고, 그러려면 또 더 많이 궁리도 해야 했다. 그래서 진화의 과정에서 인간의 두뇌는 다른 동물보다 유난히 크게 발달했다.

인간의 생리 구조는 본래 공부하거나 사무를 보느라고 책상 앞에 앉아서 지내기에 적합하게 만들어진 구조가 아니다. 본래 뛰고 달리고 치고 차고 쑤시고 꼬무락대는 등 움직이기에 알맞게 만들어진 구조다. 그렇게 움직이고 운동하는 과정에서 지능이 진화해 왔다. 따라서 지금도 적당한 몸의 운동이 지능 작용을 북돋아 준다고 할 수 있다. 여러 연구가 그런 관계를 입증하고도 있다.

사람의 대뇌는 몸 전체 무게의 2%밖에 안 된다. 하지만 그 대뇌는 폐가 들이마시는 산소의 20%를 쓴다. 그만큼 대뇌 활동은 산소를 많이 소모한다. 대뇌에 산소 공급이 부족하면 그만큼 두뇌 활동이 둔화한다. 어떤 이유로 산소 공급이 5초만 중단되어도 뇌는 치명적인 손상을 입는다. 산소 흡입을 많이 하게 되는 적절한 신체 운동은 그 긴요한 두뇌 산소 공급을 늘려 준다. 심호흡만 여러 번 해도 그런 효과가 있다.

뿐만 아니라 산소를 많이 써야 하는 생활 활동은 그 활동에서 나오는 '쓰레기'인 셈인 '자유 래디컬'이라는 여러 가지로 해로운 물질을 만들어 내는데, 이 물질은 얼른 청소해 내야 한다. 적절한 신체

그저 좋아서

운동은 이 '자유 래디컬'을 쓸어내는 역할도 한다.

한 연구에서, 한 반 학생들이 매주 세 번 30분씩 운동장에서 조깅을 했다. 12주 후에 그들의 지적 작용 점수의 수준이 운동 전보다 훨씬 향상되었음을 알 수 있었다. 조깅 프로그램을 몇 주 그만두었더니 지적 작용 점수가 예전 수준으로 퇴보했다. 운동이 지적 작용을 북돋아 주고 활성화한다는 말이다. 따라서 입시 압력 때문에 아침부터 저녁까지 운동을 즐길 시간은 별로 없고 줄곧 책상 앞에 앉아만 있는 대다수의 한국 학생은 실은 풍부한 산소 공급이 부족한 탓하고 둔한 머리로 공부하고 있는 셈이다.

이런 연구에 의거해서 분자생물학자 메디나(John Medina)*는 학교에서 모든 학생에게 일주일에 몇 번 운동할 수 있는 체육시간을 꼭 가져야 한다고 제안한다. 나아가 맑은 머리로 여러 중대한 안건을 결재해야 할 교장, 총장, 사장, 장관 등 CEO는 사무실에 '걷기 기계'를 설치해 놓고, 매일 오후 두 시쯤에 20~30분 걷거나 달리는 시간을 가질 것을 제안하고 있다. 그 자신이 의사인 레이티(Ratey)**는 저서에서 여러 사례를 인용하면서, 신체 운동은 지적 작용을 활발하게 하는 것 이외에도, 스트레스, 불안증, 우울증, 주의산만증, 각종 중독증, 호르몬 이상, 노화 등의 치료 내지 예방에 효험이 크다고 역설하고 있다.

---

*Medina, J., Brain Rules (Pear Press; Seattle, 2008).

**Ratey, J.J., Sparke (Little, Brown and Co.; N.Y., 2008).

옛날 우리나라 양반들은 운동, 스포츠와는 거의 절연 상태였다. 걸음걸이는 아무리 급해도 팔자걸음으로 유유히 진중하게 걸어야지 촐싹대고 뛰어가서는 안 됐다. 뛰어가거나 무거운 짐을 나르거나 하는 힘을 써야 하는 일은 하인에게 시켜야지 손수 해야 하는 일이 아니었다. 정말인지 지어낸 말인지는 모르나 이런 얘기가 있다. 옛날 조선 말기 어떤 구미 나라의 대사관에서 조정의 중신들을 초청해서 회식한 후에 여흥으로 자기들이 테니스 치는 것을 구경시켰다. 그랬더니 중신들은 '그런 일은 하인들한테 시키지 왜 손수 땀 흘리며 고생하느냐'라고 했다는 얘기다.

옛날 얘기만이 아니다. 나는 한때 충북대학교 총장에 봉직한 적이 있다. 취임 후 일주일에 한 번 정도 일과 후 교수들과 테니스를 즐겼다. 하루는 내가 존경하는 국·한문의 노학자인 C교수가 내 방에 들렀다. 드릴 말씀이 있다고 정색하더니, "총장님, 점잖지 않게 종아리 내놓고 세로 뛰고 가로 뛰고 하는 테니스만은 제발 그만두십시오. 근엄해야 할 총장의 몸가짐에 어울리지가 않습니다." 나는 "알았습니다."라고 답하고, 그 후로는 C교수가 퇴근했는지 확인한 다음에 테니스 코트에 나갔다.

조상님께는 황송한 말이지만, 옛날 우리 조상 양반들은 운동 부족으로 두뇌의 역량을 백분 발휘하지 못했던 것이 아닌가 하는 생각도 든다.

스포츠

되돌아보면 나는 평생 스포츠 광이었다. 중등학교 시절엔 테니스, 수영, 아이스하키, 유도, 검도, 글라이더, 대학 시절엔 배구, 대학교수 시절엔 등산, 테니스, 골프, 스키의 전력이 있다. 물론 다 선수급은 못 되지만, 즐기고 어울리고 할 정도의 중급 수준은 되었다. 이런 여러 운동의 취미가 내 신체와 정신건강 유지에 큰 힘이 되었다고 자부하면서, 모든 사람에게, 특히 앉아서 일하는 것이 직업인 사람에게 적정량의 운동은 필수라고 말하고 싶다. 스포츠와 관련해서 나에겐 여러 감상과 에피소드도 따른다.

1970년쯤에 동료 대학교수 여섯 명이 모여 매주 수요일 오후나 일요일 오후에 세 조를 짜서 테니스 시합을 했다. 실력이 비등하도록 짰기 때문에 거의 언제나 세 조가 물고 물리는 삼파전이다. 즉, A조는 B조를 이기고, B조는 C조에 이기며, C조는 A조를 이기는 것이 상례였다. 어쩌다 두 번 이기는 팀은 의기양양하고, 두 번 진 팀은 의기소침한 모습이 어린아이 같았고, 두 번 진 팀은 또 두 번 지지 않으려고 두 선수가 서로 잘못을 따지기에 바빴다. 시합은 점점 '심각'해졌다. 그래서 모임의 이름을 꼭 육탄전같이 싸운다고 해서 한동안 '육탄회(肉彈會)'라고 했다. 그 후 그 이름이 좀 살벌해서 한자로는 여섯 명이니까 한자로는 '六彈'으로 했다가 다시 더 부드럽게 '여울탄'인 六灘 또는 育灘으로도 했으나 아직도 정설이 없다.

스포츠는 모든 사람을 어린 시절의 동심으로 돌아가게 하는 기능이 있다. 해가 지나면서 '육탄' 멤버가 여러 기관의 학장, 총장, 원장, 회장 등 매일 점잔을 빼며 지내야 할 자리에 진출하게 됐다. 그런 점잖아야 할 분들이 테니스 시합에서는 걸핏하면 공이 선 밖에 나갔다 안 나갔다 큰 소리로 우기고 싸우고 하는 것을 보면, 아이들이 놀다가 서로 '네가 잘못'이라고 싸우는 것과 똑같다. 어쩌면 힘들게 점잔을 빼야 할 생활에서 벗어나서 동심으로 돌아가서 아이들처럼 '싸울 수 있는 시간'이 스포츠의 매력일 것이라는 생각도 든다. 스키 슬로프에서 설원을 좌우로 선회하면서 활강하는 어린아이의 심정이나 어른 또는 나 같이 노인의 심정도 그때만은 다 같이 동심일 것이다.

스포츠는 거기에 몰입하는 순간만은 무아지경의 '삼매경'에 들 수 있게 한다. 테니스에서 이리 뛰고 저리 뛰고 공을 쫓아가는 시간, 경사가 급한 스키 슬로프에서 정신을 바짝 차려 활강하는 시간만큼은 모든 걱정, 모든 시름, 모든 불만, 모든 좌절감을 깨끗이 잊는다. 어떤 이는 서양인의 스포츠는 동양인의 선(禪), 좌선과 같다고 했다. 이렇게 무아지경에 든다는 점에서 같다는 것이다. 스포츠는 정신건강에도 필요하다는 말이 된다.

스키는 쉰도 훨씬 넘어 시작했으니 늦바람인 셈이다. 그래도 근 30년간 거의 매년 겨울에 3, 4일은 스키장에 갔으니 초보는 면하고 중급쯤은 된다. 용평 스키장에는 흔히 '절벽'이라는 부르는 제일 가파른 고급자용 '실버 슬로프'가 있다. 리프트를 타고 산꼭대기에 올라가서 오른쪽으로 접어들면 있는 그 '절벽' 위에 서면 초급자는 오금이 저릴 정도로 겁이 나는 가파른 슬로프다. 나는 접근할 엄두도 나지 않는 슬로프다. 반면 그 왼쪽은 '자동차 길'이라고 부르는 완만한 경사로 좌우로 굽이지는 긴 슬로프가 있는데, 그 길이 내 단골이었다.

한번은 산정으로 올라가는 리프트에 대학생으로 보이는 여학생과 같이 타게 되었다. 올라가는 도중에 주머니에서 초콜릿을 꺼내더니 한 개를 나에게도 권했다. 나도 귤 하나를 꺼내서 그 학생에게 건네면서, "스키 잘 타세요?"라고 말을 걸었다. "뭘요! 아직 잘 못 타요. 탄 지 2년밖에 안 돼요."라고 했다. 영락없이 초보자다. 그래서 나는 "스키란 재미있는 운동이고…… 몇 가지만 지키면 아주 안전한 운동이고…… 처음에 이런저런 조심을 해야 하고……." 등 선배답게 몇 가지 요령을 일러 주었다. 그 여학생은 '네, 네.'하며 잘 듣고 있었다.

꼭대기에서 리프트를 내리자 그 여학생도 나처럼 왼쪽으로 갈 줄 알았는데 휙 오른쪽으로 꺾어 가더니 '안녕히 가세요.'란 말 한마디 하고는 쏜살같이 능란하게 '절벽'을 타고 내려갔다. '아뿔싸! 실수했구나!' 나는 속으로 후회했다. 그러면서 내 '훈수'를 "네, 네." 하고 맞장구치면서 열심히 듣던 그 여학생이 약간 얄밉기도 했다. '다시는 무슨 일에든 공연히 아는 척 어쭙잖게 훈수 같은 것 하지 말아야지!' 나는 '차도' 슬로프를 내려오면서 다짐했다.

내려와서 그 얘기를 누구한테 했더니, "그 아이들은 한겨울이면 한 달, 때로는 두 달을 스키장에서 살면서 스키 연습을 하는 학생들이라고 했다. 그러니 그들의 2년이 내 20년과 질이 다를 수밖에. 게다가 나이도 있고.

한국엔 경로사상이 그래도 더러 남아 있어서 얼른 노인 대접을 받고 싶어서 그러는지 '조로증(早老症)' 현상이 많이 남아 있어 보인다. 스키장에서 내 나이 또래 육칠십대는 말할 것도 없고, 팔십대 노인은 보기 힘들다. 스키를 타다가 휴게실에 커피 마시러 들어가면 몇 사람이 유난스러운 눈초리로 잠깐 쳐다보는 것이 느껴진다. 스키 슬로프에선 모자를 쓰고 색안경도 쓰고 바람막이 복면으로도 얼굴 대부분을 가리기 때문에 노인인 것이 드러나지 않지만, 휴게실에선 그것을 다 벗기 때문이다.

한번은 손주들과 같이 스키장에 갔다. 슬로프를 내려와서 다시 타고 올라갈 리프트로 가는데, 손주들이 뒤에서 "할아버지, 같이 가요!" 하고 소리 지르며 쫓아왔다. 그러자 리프트 타려고 기다리는 사람 중에서 "엥, 너희 할아버지가 왔니?"라고 묻는 소리가 들렸다. 그 어투가 꼭 '이런 스키장에 웬 할아버지가 다 오냐?'라는 어투였다. 나는 확 돌아서서 "할아버지, 여기 있소."라고 큰 소리로 대꾸했더니 그 친구는 "아이고, 죄송합니다."라고 꾸벅 절했다.

그런가 하면, 언젠가는 아마도 미군 부대였던 모양인데, 일단의 미국인들이 스키장에 나타났다. 대부분이 중년 이상의 노인층이었던 것이 인상적이었다.

우리는 어쩐지 몸이 늙는 것보다 마음이 먼저 늙어 가는 것이 아 닌가? 나는 아직도 서 있거나 걸을 때 '뒷짐'을 지지 않는다. 나보다 열 살, 스무 살 아래인 친구들이 뒷짐지고 있는 것을 보면 '그렇게 빨 리 늙고 싶으냐.'고 가끔 핀잔을 주기도 한다.

극한의 경험

　내 고등학교 시절은 미일전쟁 말기였고 군국주의 교육이 기승을 부릴 때였다. 따라서 군센 병사를 기르기 위한 이른바 '인고단련(忍苦鍛鍊)', 즉 어렵고 힘듦을 참고 이겨 내는 능력을 기른다는 활동을 학교에서도 자주 실시했다. 그러나 지금 와서 보면, 인고단련은 병사에게만 필요한 것이 아니라 누구에게나 어느 정도 필요하다고 해야 한다. 모든 사람이 삶에서 어차피 몇 번은 어려움에 봉착하게 마련인데, 그럴 때 그 어렵고 힘듦에 굴하지 않고 참고 이겨 내야 하기 때문이다.

　고등학교 1학년 때, 전교 500명 학생의 마라톤 대회가 있었다. 서울의 동쪽 신당동에서 출발해서 인천의 어느 중학교까지 달리는 올림픽 마라톤과 비슷하게 약 43킬로미터를 뛰는 경기였다. 나는 속으로 아무리 힘들어도 쉬거나 걷지는 않고 느려도 한번 끝까지 뛰어

보자고 결심하고 뛰기 시작했다.

　신당동에서 약수동, 이태원, 용산, 그리고 약 3분의 1 지점인 영등포까지는 그런대로 힘들어도 잘 뛰어갔다. 영등포를 지나 오류동으로 갈 때엔 다리가 찢어지게 아프기 시작했다. 오류동을 지나자 못 견디게 아파서 눈물이 날 지경이었고, 한동안 나도 모르게 엉엉 울기도 했다. 그래도 이를 악물고 느리게나마 뛰어갔다. 부천이 아마 3분의 2 정도의 지점이었을 텐데, 그 부천을 지나자 아주 이상한 경험을 했다.

　바로 환각(幻覺)의 경험이다. 뛰어가면서도 갑자기 '내가 미쳤다고 왜 이렇게 뛰고 있나? 뭘 바라고 뭐가 좋다고 뛰고 있지? 누가 날 고생 고생시키고 고소하다고 하고 있는 게 아닌가? 다 집어치울까보다!'하는 환각이다. 그러다가 머리를 흔들고 눈을 똑바로 크게 뜨면서 '아니지! 처음 결심대로 뛰어야지!' 다시 다짐하면서 계속 뛰었다. 그런 환각이 몇 번인가 더 이어졌다. 이런 환각이 나만의 경험은 아닐 것만 같다. 그런 환각 때문에 중도에 포기하는 경우도 있을 것이다. 다리는 아프다 못해 아예 무감각해진 것 같으면서 골수까지 찌르는 듯한 아픔이 이따금 느꼈다. 나는 꼭 무슨 뛰는 기계처럼 뛰어가서 종점에 들어서서 쓰러졌다. 전교에서 20등이었다.

　그러면서 한편으로는 끝까지 쉬거나 걷지 않고 뛰어냈다는 성취감, 능력감, 자신감을 만끽했고, 또 한편 마라톤을 최종 경기로 올림픽을 화려하게 끝맺음을 하는 이유를 알만 했다. 마라톤을 그저 싱겁게 뛰기만 하는 멋없는 경기인 줄 알고 있었는데 그것이 아니었다. 마라톤은 자신과의 경쟁, 고통과의 싸움, 극한에의 도전이었다.

인간 능력의 극한을 테스트하는 경기이기 때문에 마라톤을 화려한 피날레로 장식했을 것이다. 마라톤은 그만큼 위대한 경기였다. 그 후로는 마라톤 선수를 존경하게 되었다.

원영(遠泳) 시합도 있었다. 수영을 할 줄 아는 학생을 모아 충청도 대천 바다 한 지점에서 5킬로미터 거리의 다른 지점까지 가야 하는 원영이었다. 힘들고 고통스럽기는 마라톤과 비슷했다. 정 힘거울 때엔 만일을 위해 따라오는 구조 보트에 구원을 청하고 싶은 생각에 몇 번인가 골똘했다. 그때마다 전 마라톤 경험을 상기하면서 내 자신을 독려했다.

한 5킬로미터를 평영, 즉 다리를 옆으로 벌리고 가운데로 차면서 수영하는 통칭 '개구리헤엄'으로 약 두 시간 반 수영했다. 하나 기이했던 경험은 종점인 도착지에 닿아서 바위를 짚고 걸어 올라가려 했더니 다리가 앞뒤로 움직이지 않고, 자꾸 옆으로 벌어졌다. 한동안 앞뒤로 움직이려고 애를 쓰고 나서야 바위에 오를 수 있었다. 두 시간 반을 평영으로 옆으로만 다리를 운동했다고 그 짧은 동안에도 다리가 거기에 적응했던 셈이다. 습관의 힘을 실감했다.

1951년 시카고 대학교 유학 시절 나는 대학의 교무처 시험과에서 연구 조교로 일한 적이 있다. 모든 과목에 걸쳐 기말고사 등 학생들의 여러 시험 결과를 면밀히 분석해서 학생 평가, 교수법 개선, 고사 방법 개선을 위한 통계 연구를 진행하는 부처였다. 학기 내내 그런 분석 연구를 진행했지만, 학기가 끝나면 특히 일이 많고 분주했다.

한번은 분석해야 할 자료도 무척 많고 결과를 내야 할 시일도 촉박했다. 계산이 빠른 전동 계산기로도 낮의 근무 시간에만 일해서는 끝낼 수 없는 양이었다. 나는 주임 교수에게 야간 작업을 자청하고, 낮일에 이어 하루 밤을 꼬박 새우고, 다시 낮에 계속하고, 또다시 이틀째 밤도 새우면서 자료를 처리했다. 48시간을 자지 않고 일을 한 셈이다. 이틀 밤샘 일을 끝내고 기숙사에 아침 여섯 시에 들어가 누워서 12시간을 꼬박 잠을 잤다.

이런 극한 작업을 끝내고 나니, 나는 주위에서 칭찬은 둘째 치고 내 자신에게 자신감이 생기는 것을 스스로 느낄 수 있었다. 어떤 경우건 극한 상황을 이겨 내면 유별난 능력감, 성취감, 자신감이 생기고, 그것이 다음 일의 성취에도 이어진다. 그래서 여러 가지 곤경은 도리어 보다 큰 성취의 자양이 될 수도 있다.

문무

문(文)과 무(武)를 언제부터 갈라서 생각했고, 왜 그랬을까? 생존 경쟁이 불가피한 생물의 세계에서는 아마도 '무'가 우선 삶의 필수 능력이었을 것이다. 종이 다른 생물들은 '싸워' 이겨야 살아남고, 같은 종의 생물들끼리도 싸워야 할 경우가 생긴다. 그런 싸움엔 이른바 '영토명법(領土命法, territorial imperative)'이라는 '지상 명령'이 작용한다. 즉, 개체가 살 수 있고 먹이가 있고 종을 이어갈 수 있는 생식이 가능한 삶의 터전을 지키고 늘이기도 해야 하는 것은 모든 생물에게는 지상 명령과 같은 절대적인 조건이기 때문이다.

아메리칸 인디언도 그 '영토 명법' 때문에 거의 멸족에 이를 때까지 처절하게 싸웠다. 다른 조건도 있었겠지만, '영토명법'이 세계사의 그 많은 모든 전쟁의 원인이었다. 따라서 원시 종족에서는 대개 힘 센 자가 추장이나 왕이 되었고, 싸울 수 있는 자, 대개는 성인 남자 모두가 '전사'였으며, 그중 힘이 뛰어난 자가 '귀족', 지배층이 되었다. 즉, '무(武)'가 숭상되었다. 고대 중국에서도 바람직한 인간상을 '예악사어서수(禮樂射御書數)'의 육예(六藝)로 여겼다. '사'와 '어'는 활쏘기, 말 타기로 전투와 관계있는 소양이다. 옛 그리스의 올림픽도 힘세고 날쌘 전투 능력을 기르고 장려하려는 것과 무관하지 않았다.

하지만 여타 동물과 달리 인간은 근력(筋力)만 아니라 유난히 큰 두뇌에 깃들어 있는 유난히 뛰어난 지력(知力)의 소유자다. 그 지력으로 인간은 진·선·미를 추구하면서 온갖 기술·도구, 언어와 문학, 과학, 예술, 음악, 도덕 등 문화와 문명을 축적해 왔다. 이런 여러 문화와 문명은 그 자체로 희한하고 재미있고 즐거운 '자체 가치'를 지닌다. 즉, '아는 것' 자체가 기쁨이다. 하지만 이런 문화와 문명은 동시에 여러 '쓸모'와 '수단 가치'도 지닌다. 그런 진·선·미의 문화 추구가 한 나라의 정치, 경제 등에서도 쓸모를 발휘하지만, 국방과 국사에도 쓸모가 크다. 즉, '무력(武力)'에도 '문력(文力)'이 여러모로 필요하고, 서로 어울려 병진해야 한다.

따라서 '문'과 '무'는 함께 다 숭상되어야 한다. '문'만 높이고 '무'를 하대하면 '무'가 약화되어 아예 삶의 터전을 잃을 위험에 처한다. 그것이 조선이 멸망한 한 원인이었다. 반면 '문'이 하대되고 '무'만 번성하면 정치·경제·문화 등 다른 국사가 피폐하기 쉽다. 제2차 세계대전 전 일본의 군국주의 시대가 그 예다.

한민족은 본래 태고에 알타이 산맥을 넘어온 북방계 기마민족으로서, 서로 겸양하는 '예의'와 '가무상락' 하는 문화 민족이면서도, 호랑이 등 맹수와 대적한 강건·용맹한 기상의 민족이었다. 고구려 고

분 안 벽화가 그것을 여실히 증언하고 있다. 고조선도 고구려도 결국은 중과부적에 내분이 겹쳐 패망하기는 했지만, 긴 세월 여러 번의 중국의 한나라나 수나라나 당나라의 대군을 격퇴했다. 수나라는 여러 차례 고구려 침공에서 패퇴한 것이 그 쇠잔·망국의 원인이 되었다. 그런 '문'과 '무'를 어우른 기상은 신라의 '화랑'으로도 이어졌다.

언제부턴가 우리에게서 문무를 겸비하는 기마민족의 기상이 엷어지고, 지나친 문 존대와 무 홀대의 문약(文弱)의 풍습이 짙어졌다. 나는 결정적인 원인이 과거(科擧)제도였다고 본다. 알다시피 과거제도는 옛날 나라의 지도 권력층을 경문(經文)의 지식과 문장의 능력만을 평가해서 선발하고 충원하는 제도였다. 지도층에 필요한 지·정·덕체(知情德體)를 고루 갖춘 인물을 전인적(全人的)으로 평가한 것이 아니었다. 과거에 문과와 무과가 있었다고는 하나 무과는 낮게 홀대되었다.

더 결정적인 무의 홀대는 조선에서 양반과 그 자제는 병역의 의무가 없었고, 국방을 담당하는 병사는 상민만의 의무였다는 사실이었다. 대조적으로 유럽에서도 일본에서도 전쟁은 지도층이었던 기사와 무사들이 앞장서 싸우는 것이 상례였다. 조선조 말기엔 상민들이 병역을 피하려고 양반 족보에의 편입을 매수하는 사례가 빈번했다. 자연히 무의 홀대, 문약의 풍토가 사회 전반으로 번졌다. 이미 17세기에 홍여하(洪汝河)라는 이가 상소문에서 '동국의 풍속은 바탕이 유(柔)하고 유(儒)하여 기(氣)가 가볍고 들뜨며, 문사(文辭)를 좋아하고 무예(武藝)를 싫어한다.'고 했다. 옛 고구려 신라 때의 기질과는 너무나 거리가 멀다. 오늘날에도 간간이 들리는, 특히 지도층 자제의 병역 기피 현상에는 조선의 풍습이 혹 아직도 남아 있는 것이 아닌가?

무는 각종 운동 경기·스포츠와 관련이 많다. 앞에서도 언급했지만, 옛날 그리스의 올림픽은 무력의 양성과 장려의 행사였을 것이다. '더 빨리, 더 높이, 더 힘차게'가 목적이었던 올림픽에는 '건강한 신체에 건강한 정신이 깃든다.'는 취지도 포함되어 있었다. 옛 그리스 올림픽의 취지는 오늘날 여러 신경생리학·심리학 연구가 광범하게 입증하고 있다. 적절한 신체 운동은 신체 활력을 강화하고 각종 면역력을 강화할 뿐만 아니라 사고력 등 두뇌 능력도 향상시키고, 스트레스나 우울증을 해소해 주며, 주의집중력도 예리하게 해 준다.

옛날 우리의 양반들은 신체 운동과는 거리가 멀었다. 양반은 아무리 급해도 뛰어다녀서는 안 되고 팔자걸음으로 유유히 걸어 가야 했다. 전쟁터에 나갈 필요가 없었기 때문이다. 모든 힘든 신체 운동은 상민에게 시켜야 할 일이었다. 그때에 비하면 오늘날 스포츠에 관한 생각은 정말 금석지감이 있다.

지금도 학교, 특히 중·고등학교에서는 입시 준비를 빌미로 체육 시간은 홀대되고 스포츠는 몇몇 '선수'만의 활동으로 되어 있다. 축구, 야구, 농구 등의 운동은 주로 '관람'의 대상이고 많은 국민이 스스로 '참여'하는 운동은 아니다. 요즈음 직장생활의 피곤을 풀려고 조깅, 등산, 테니스, 축구 동호회가 활발해진 것은 환영할 만하다. 그러나 더 긴요한 것은 초·중·고등학교에서부터 올림픽 정신을 되살리는 일일 것이다.

난초 사랑

　군자의 기품을 닮았다고 해서 사군자의 하나로 귀히 여기던 난초가 요즈음은 아주 흔해졌다. 여기저기 사무실에 들르면 으레 난초분 한두 개가 놓여 있다. 때로는 너덧 개가 널려 있다. 특히 어떤 이가 '영전'해서 취임하면 십여 개의 난분이 쇄도하는 것이 보통이다.

　그런 난초를 볼 때마다 나는 '저게 잘 살아남을까?' 하는 가벼운 걱정이 든다. 한때 여러 난초를 기르기에 열을 올렸던 적이 있어서 난초의 생리를 어느 정도는 알고 있기 때문이다. 그 생리에 맞추어 주지 않고, 사무실 책상이나 탁자 위에 놓고 가끔 물만 주면 제대로 살아남는 것이 난초가 아니다. 그러다가는 멀쩡해 보이다가도 시나브로 잎이 윤기를 잃고 비실비실 말라 죽게 마련이다. 그 생리 조건을 맞추어 주는 일이 그리 간단하지가 않은데, 보통 사무실에 그 일을 감당할 사람이 별로 있어 보이지 않는다.

난 기르기에 아마추어였던 나도 이젠 난의 생리 조건 몇 가지는 알고 있다. 물은 여름엔 닷새에 한 번, 겨울엔 일주일에 한 번 정도 주고, 아침 두세 시간은 햇볕을 쪼여야 한다. 때를 맞추어 비료와 영양제도 주고, 밖에 내놓고 살충제도 뿌려 주어야 한다. 그리고 일 년에 한 번, 늦어도 이 년에 한 번은 새 난석으로 분갈이를 해야 한다. 무엇보다도 방의 온도와 습도와 통풍이 적당해야 하는데, 보통 집의 방에서는 이 조건을 제대로 맞추어 주기 힘들어 열성적인 난 애호가는 집에 '난실'을 따로 마련한다. 나는 난실은 없고, 베란다를 이중 유리창으로 막고 엉성한 난실로 대신한다.

이렇게 난을 제대로 기르고 돌보기에는 품이 보통 많이 드는 게 아니다. 사무실에는 보통 이렇게 난을 돌볼 사람이 없을 것이 십중 팔구이고 보면, 그 난들이 얼마 안 가서 시름시름 시들어 가고, 종당엔 버려지는 지경이 될 것도 대부분일 것이다. 난도 살아야겠다는 생물인데, 제 명대로 살지 못하고 사람들의 일시적 감상물로 희생되어 가는 셈이다.

난초도 결국 '사랑'해야 잘 살고, 잘 자라고, 향기 그윽한 꽃도 피워 준다. 사랑한다는 것은 결국 자주 배려(配慮)한다는 것을 뜻한다. 어디가 불편하지나 않는지 자주 들여다보아 주는 것이 사랑이다. 그래야 잎이 윤기 없이 꺼칠하지나 않는지, 깍지벌레 같은 기생충이 붙어 있지나 않은지를 알아차릴 수 있다. 그런 '불편'을 어떻게 하면 고쳐 주고 덜어 줄 수 있는지도 알고 있어야 한다. 즉, 난에 대한 사랑은 배려만 아니라 어느 정도 난의 생리와 병리에 관한 지식도 있어야 한다.

이런 '사랑'은 강아지와 같은 동물의 경우에도 같을 것이다. 강아지도 자주 돌보아 주고, 생리와 병리만 아니라 심리마저도 짐작해내는 기본 지식이 있어야 건강하고 귀여운 애완동물이 될 것이다. 그야말로 '애', 사랑해야 '완', 보기 좋게 길러질 것이다.

새끼를 낳는 모든 포유동물은 새끼를 무진히 돌본다. 배려하고 '사랑'한다. 그래야 새끼가 살아남고 종(種)도 계속 유지된다. 새도 그렇다. 부화되어 온 새끼를 돌보지 않고 내버려 두면 새끼는 죽고 종은 끊어진다. 물고기나 파충류는 알에서 부화된 새끼들을 돌보지 않는다. 대신 알 중에서 자라나다 다른 동물에게 먹힐 놈들은 먹히고 그래도 살아남는 놈들이 있을 수 있게 알을 많이 낳아서 종을 유지한다.

인간도 자기 종의 전승이 삶의 중요한 목적이라는 점에서는 여타 동물, 나아가 식물을 포함하는 모든 생물과 별 다름이 없다. 다만, 인간은 탄생 시에는 생물 중에서 가장 무력하고 무능한 동물이고, 삶에 필요한 여러 능력이 만물의 영장으로까지 성숙해야 하는 기간도 근 20년 또는 그 이상의 긴 세월이 필요한 각별한 동물이다. 그만큼 사람의 아이는 더 돌봄과 배려, 사랑이 많아야 제대로 자라나는 존재다. 뿐만 아니라 다 성장한 후에도 서로 배려하고 사랑하는 분위기에서만 개인적으로는 삶의 충만감을 느낄 수 있고, 집단적으로는 조화로운 사회를 이룰 수 있는 존재이기도 하다.

그리고 보면 거의 모든 종교와 성현의 가르침이 그 중심을 '사랑' '자비', '인' 등 남에 대한 배려에 두고 있는 것은 어쩌면 불가피한 일이었을지도 모른다. 모든 생성(生成)의 원리가 거기에 있기 때문이다.

나는 요새 집에서 풍란을 한 스무 분 기르고 있다. 그 풍란에 물을 주면서 여러 사무실에 놓여 있는 돌봄이 없거나 불충분해서 꺼칠해진 난초분들이 애처로웠던 생각이 이런 종교 교리 생각에까지 이르게 한다.

3. 행복하려면

그저 좋아서

　나는 여러 운동, 스포츠를 좋아한다. 지금은 무릎과 허리 수술도 하고 나이 탓도 있어서 못하지만 여든 초반까지도 골프도 즐겼고, 테니스도 쳤고, 수영도 하고, 겨울이면 설원에서 스키도 신나게 탔다. 그러는 내게 가끔 사람들이 "왜 그렇게 스포츠에 열심이냐?"라고 묻는다. 그들이 내게 기대하는 답은, 예컨대 "건강에 좋으니까." "기분이 상쾌해지니까." 또는 "친구들과 친교의 시간이 되니까." 등의 답이었을 것이다. 즉, 건강을 '위하여' 또는 기분 전환이나 친구와 친교를 '위하여'라는 답이었을 것이다.

　하지만 내가 운동을 좋아하는 참된 이유는 그런 답이 아니라 '그저 재미있어서', '그저 좋아서'였다. 건강을 '위하여', 친교를 '위하여'가 아니라 테니스 그 '자체', 수영 그 '자체', 스키 그 '자체'가 그저 재미있고 좋아서였다. 그것은 어떤 고산 등산가에게 누가 "왜 그렇게 위험을 무릅쓰고 등산을 자주 하느냐?"고 물었더니, "그저 산이 거기 있어서."라고 대답했다는 것과 같은 맥락이다.

우리에겐 모든 활동을 다른 어떤 목적을 '위한' 수단적 활동으로 생각하는, '위하여 철학'이라고도 할 수 있는 매우 끈질긴 버릇이 있다. 공부는 대학 입시를 '위하여', 대학 공부는 출세와 성공을 '위하여', 사업은 돈벌이를 '위하여', 스포츠 연습은 우승을 '위하여', 절약과 저축은 내 집 마련을 '위하여' 등이다. 물론 인간은 앞을 내다보는 계획적인 동물인 이상 다음의 무엇을 '위한' 수단으로서 오늘 해야 할 일을 획책해야 할 경우는 많다. 그러나 그럴 경우에도 그 목적을 위해 오늘 하는 일이 전혀 아무 재미도 없고, 뜻도, 보람도, 즐거움도 없는 건조한 일이라면, 그 인생 자체는 고역의 연속일 것이고, 이루고자 하는 목적 달성 자체도 불투명해질 것이다.

어떤 활동을 그 자체가 재미있고 오묘해서 추구하는 경우를 '자체 목적적 활동' 또는 줄여서 '목적적 활동'이라고 부르고, 어떤 다른 목적 달성을 위한 수단으로 추구하는 경우를 '수단적 활동'이라고 부를 수 있다. 테니스가 그저 신이 나서 즐기고, 수학이 그저 재미있어서 공부하는 경우는 목적적 활동이고, 건강을 위하여 또는 입시를 위하여 하는 것은 수단적 활동이다.

일상생활에서 우리가 어느 모양의 활동에 더 젖어들고 있느냐에 따라 실은 생활의 질에 차이가 크다. 가령 부모를 섬기는 것이 부모가 그저 소중해서가 아니라 유산을 얻기 '위해서'라면 그 '효'는 도리어 역겨운 행위다. 친구를 그저 좋아서 사귀는 것이 아니라 제 출세나 치부를 위해 사귀는 교우는 친구를 수단으로 이용하려는 잡심이다. 결혼도 그저 사랑하기 때문이 아니라 출세와 치부를 위한 것이라면 그것은 위선적인 정략결혼이다.

칸트의 유명한 도덕 법칙의 하나인 '인간은 수단으로서만이 아니라 언제나 동시에 목적으로 대하라'라는 격언은 인간은 우선 그저 인간이기 때문에 소중히 여겨야지, 그를 어떤 일의 수단으로서만 여기지는 말라는 뜻이다. 칸트는 선(善)한 것은 선을 행하려는 '선 의지'일 뿐이고, 그 선행의 결과에는 관심이 없어야 한다고도 말했다. 목적적 행동은 그저 그 자체가 보람이지, 달리 어떤 목적에의 수단적 가치를 따질 필요가 없다는 말이다.

'선'만 아니라 '진(眞)'도 매한가지다. 학문의 목적을 진리 탐구라고 한다. 그리고 어떤 진리를 알면 그 쓸모가 생긴다. 원자의 구조를 밝힌 것이 원자탄, 원자력 발전 등 무서운 쓸모를 발휘한 것처럼 말이다. 하지만 원자의 구조를 밝혀낸 사람들은 그 쓸모에 대한 욕심 없이 그저 진리의 오묘함에 매료되어 순전한 호기심으로 그것을 캐 들어간 학자들이었다.

'미(美)'에 관해서도 칸트는, 참된 아름다움의 감상은 '무목적적인 합목적성'을 지닌다는 유명한 구절을 남겼다. 언뜻 듣기에 난해한 구절이지만, 나는 그것을 다음과 같이 해석해 본다. 아름다움을 보는 눈에는 그것을 어떤 목적에 써 먹을까 하는 관심은 전혀 없다. 그래서 '무목적적'이다. 하지만 아름다움은 그것을 찾는 마음을 흡족하게 만족시켜 준다. 그래서 '합목적성'이 있다고.

이런 생각은 모든 활동의 가치, 보람, 목적을 우선 그 활동 자체에서 찾아야 삶의 진가를 발견할 수 있다는 것을 시사한다. 사물이나 활동의 쓸모, 이용 가치만을 좇는 삶은 진정한 삶에서 유리된 삶이라는 말이다.

행복하려면

요새 유난히 '행복' 또는 '웰빙'에 관한 담론이 학계에서도 항간에서도 자주 들린다. 행복은 전통적으로 윤리학의 관심이었던 것이 근래엔 심리학은 물론 경제학이나 사회학의 관심으로 등장하고 있다. 거리에도 '웰빙'을 내건 상표의 물건이나 상점도 자주 눈에 띈다. 옛날 희랍의 아리스토텔레스가 '행복이 삶의 최종 목적이다.'라고 선언한 것이 되살아난 느낌이다. 아마도 최근에 '행복', 즉 '부(富)'라는 전제를 깔고 있는 경제학에서 어느 수준 이하에서는 부의 증가가 행복의 증가와 상관이 있지만, 어느 수준을 넘으면 그 관계가 희박해진다는 여러 실증적 연구가 발표된 것도 행복에 대한 새로운 관심의 발단일지 모른다.

그런 흐름에서 나도 새삼 행복에 관해서 이것저것 듣고, 읽고 하면서 내 생각을 정리해 보게 된다. 지난날을 회고하면, 나는 그저 그

때 그때를 바쁘게 열심히 살아왔을 뿐 들어앉아 '행복하고 싶다.'는 생각을 해 본 적은 거의 없었다. 하기는 배고플 때 먹고 싶다, 아플 때 얼른 낫고 싶다, 이런 연구를 하고 이런 책을 써 내고 싶다 등 그런 생각을 하고 있을 때가 바로 행복을 찾고 있는 때였을 수도 있다. 굳이 '행복'이라는 문제를 중심으로, 근래 듣고, 읽고, 겪고, 생각했던 것을 정리해 보면 다음 다섯 가지를 행복의 조건으로 요약할 수 있다.

우선 사람은 몸이 건강해야 행복하다. 두통, 치통, 복통 등 여기저기 아프고 쑤시면 아무리 부자라도 행복할 수 없다. 따라서 될 수 있는 대로 몸이 항상 건강하도록 유의해야 한다. 이 말은 더 부연하면, 생물로서 필요한 기본적인 최소한의 의·식·주는 만족되어야 한다는 것을 뜻하기도 한다.

기본적인 경제적 부는 이 최소한의 필수적인 의·식·주를 충당하는 데 필요하다. 밥은 적정하게 한 그릇 먹으면 되지 세 그릇 네 그릇을 먹으면 도리어 체하듯이 그 이상의 호강은 앞서 든 경제학 연구처럼 행복과는 관계가 없는 셈이다. 또 그 '기본적인 최소한의 필수'가 어디냐 하는 것도 문제다. 어떤 사람은 밥 한 그릇, 김치 몇 조각, 작은 뚝배기의 된장찌개면 족하지만, 어떤 사람은 산해진미의 진수성찬이라야 한다. 그것은 취향의 문제다.

둘째, 사람은 행복하려면 그의 가정, 직장, 교우 등 여러 인간관계가 화목할 수 있어야 한다. 기실 누구를 미워하고 시기하고 질투하고 앙숙이 되면 행복할 수 없는 것이 모든 사람의 경험이다. 많은 연구가 이 화목한 인간관계를 가장 중요한 행복 조건이라고 밝히고 있다. 가난해도 희희낙락 남들과 어울려 놀 수 있는 아이가 부잣집의 고독한 아이보다 훨씬 행복하다. 필리핀이나 아프리카의 나이지리아 같은 가난한 나라 사람들이 일본이나 미국보다 행복지수가 높은 이유도 대부분 일상의 이런 인간관계의 넉넉한 화목 때문이라고 밝혀져 있다.

셋째, 행복하면 남들을 자주 도와주고 자주 칭찬하고 용서하고 남들에게 자주 감사하고 베풀고 해야 한다. 요컨대, 선행(善行)을 자주 할 수 있어야 한다는 말이다. 이것은 어찌 생각하면 좀 이상한 충고다. 내가 행복하고 싶은데, 그러려면 우선 선행으로 남부터 행복하게 하라는 말이기 때문이다. 남을 헐뜯고 업신여기고 도움을 받아도 감사하지 않고 무덤덤하다고 내가 행복해지는 것은 아니다. 도리어 내 선행의 반응으로 다른 사람이 행복해지면 그것을 보는 나도 행복해지는 것이 인간의 자연스러운 감정이입의 심리기제다.

아리스토텔레스는 '진정한 행복'은 이성적 판단에 따른 덕행(德行)이 가져오는 심리상태라고 했고, 동양사상에도 오복(五福)의 하나는 '유호덕(攸好德)', 즉 '덕행을 즐기는 바'라고 했다.

어찌 보면 모든 종교는 고뇌에서 해탈하고 행복을 찾으려는 마음에서 시작했을 것이다. 하지만 거의 모든 종교는 '사랑', '자비', '인' 등 남에게 선행부터 하라고 가르치고 있다. 선행으로 남을 행복하게 하는 것이 내 행복의 지름길이라는 말이다.

넷째, 도리어 행복 여부는 잊어버리고 보람 있는 일에 무아지경으로 몰입하고 있을 때 사람은 행복하다. 피아니스트가 연주에만 열중하고 몰입하고 있을 때, 학자가 연구실에서 침식을 잊고 연구의 삼매경에 들어있을 때, 희한한 풍경에 넋을 잃고 감상에 젖어 있을 때, 그것은 '행복과 무관한 행복'이다.

어려운 역경, 예컨대 감옥이나 포로 수용소에서도 어떤 작은 일에라도 무아지경으로 몰입할 수 있는 일을 찾아내고 거기에 열중하고 지낸 사람이 더 건강하게 살아남는다는 연구도 있다. 예를 들어, 감방의 창틀을 바라보고 그 세로와 가로의 길이를 짐작해 내고, 비율을 계산하고, 세로가 대각선과 이루는 면적을 계산하는 등 기하학적인 궁리에 열중하는 사람은 그동안만은 불행을 잊는다.

다섯째, 나는 행복은 불행을 꺼안을 수 있을 때 더 굳건한 행복이 찾아온다고 믿는다. 인생에는 어차피 작고 큰 시련, 좌절, 실패, 비애, 고독, 고뇌 등의 불행이 찾아오게 마련이다. 누군가의 말대로, 인생은 희열 속에 비탄이 드나들고 비탄 속에 희열이 드나들게 마련이다. 인생이 행복하기만 해야 한다는 생각은 하나의 환상이고, 어찌 보면 행복하기만 하면 삶의 참 뜻을 모르는 삶이다.

아무리 천재적인 피아니스트도 고생스러운 연습이나 시련, 실패, 좌절, 고뇌의 경험 없이 대성한 사람은 없고, 피겨스케이팅의 명인 김연아도 고생 없이 대성한 것은 아닐 것이다. '피나는 시련'을 겪었음에 틀림이 없다. 고산 등반가는 온갖 위험과 고행을 이겨 낼수록 그 정상에 서는 희열과 행복감이 더할 것이다.

행복은 불행을 이겨 낼수록 더 충만하게 찾아온다. 진정한 행복은 불행을 직면해도 그것을 이겨 내는 지혜와 용기의 소유자가 누릴 수 있는 특권일지도 모른다.

일송 선생

    나는 천성이 그리 건방진 편은 아닌데도 내 생애에서 만난 사람들 중에 나보다 '인격', 사람됨의 격조가 한 '수' 높은 분으로 깊이 존경하고 흠모하게 되는 인물이 그리 많지 않다. 그런 드문 분 중 한 분이 한림대학교를 창설하신 일송(一松) 윤덕선(尹德善) 선생이다. 연배로는 나보다 여섯 위인데, 10여 년 전 불의의 사고로 작고하셨다.

    나보다 학식이 훨씬 해박한 사람, 인정이 두터운 사람, 사려가 깊은 사람, 지도력이 뛰어난 사람, 학문·예술·사업·정치에서 뛰어난 업적을 이룩한 사람을 높이 평가하고 칭송하는 데에 나는 인색하지 않다. 그러나 일송 선생은 이런 모든 것을 종합한 '인간적 격조'에서 내가 미치지 못하는 한 단계 높은 인격자로 나는 흠모한다.

    일송 선생과 처음 만난 것은 1982년에 내가 충북대학교 총장 임기를 마치고 그해 봄에 개교한 한림대학교에 초빙받아 교수로 자리를 옮겼을 때였다. 처음 만난 일송 선생은 형형한 눈빛의 호상에 기골이 장대한 것이 인상적이었다. 그러나 그의 몸가짐은 위압적이지 않았다. 도리어 대면하면 항상 입가에 엷게 미소를 담고 있어서 만나는 사람의 마음을 편하게 해 주었다. 성품만은 체구답게 언제나 호방했다. 그러면서도 주위 사람들의 일거수일투족에 배려하는 자상함이 있었다.

가끔 여럿이 일송 선생과 냉면을 회식하는 경우가 있었다. 그때마다 수육 접시가 따라 나왔는데, 접시에 수육이 몇 점 밖에 남아 있지 않으면 으레 사람들은 사양하느라고 젓가락을 잘 대지 않는다. 그럴 때 일송은 그 감을 잡고 하나씩 집어서 앞과 좌우 사람들 냉면 그릇에 넣어 주곤 했다. 어느 새 나도 그의 그런 습관을 닮아 가는 것을 발견했다.

매년 있는 교수들의 합숙 세미나에 일송은 언제나 참석했다. 그리고 끝날 무렵 언제나 인사 겸 소감을 피력했다. 언젠가 세미나의 주제가 '대학교육 개선'의 문제였다. 그 세미나 끝에 인사말에서 그는 이런 말을 했다. "결국 대학생으로 하여금 인생의 뜻이 무엇인지를 깨닫게 해 주면 그것으로 대학교육은 성공이 아니겠습니까?" 어찌 보면 그저 평범하기만 한 그 말이 나에겐 교육의 진수를 꿰뚫은 말로 느껴져서 두고두고 그 뜻을 부연해 보곤 했다.

어느 해 세미나 결미에서는 "선생님들이 학생을 잘 가르쳐 주실 것, 물론 그것이 내 소원입니다. 그러나 그와 동시에 연구가 활발한 대학을 만들어 주기를 간곡히 부탁합니다. 재단에서 힘닿는 데까지 그 연구를 도와드리겠습니다." 이것은 요새처럼 교육부가 앞서서 승

진에 연구를 강조하고 국가의 연구비도 꽤 넉넉해지기 전 이야기다. 당시엔 이런 당부를 하는 사립대학교 이사장은 눈 씻고 보려야 볼 수 없던 시절이었다.

또 어느 해 세미나 끝마무리에서는, 여느 대학처럼 몇몇 교수들이 강의가 있는 날에만 학교에 나오기 때문에 교수 효과도 학생 지도 효과도 부진한 것을 탓하면서 작심한 듯 "그렇게 해이된 버릇으로 근무하려면 아예 이 대학을 떠나시오!"라고 일갈했다. 아마 여느 사립대학교 같으면 그 후에 교수들이 '아무리 이사장이라도 너무 하다.'는 볼멘소리가 나옴직도 했는데, 그때에도 그 후에도 일체 그런 불평이 없었다. 교수들이 평소부터 대학에 대한 이사장의 애교심과 포부와 열정을 잘 알고 있었기 때문이었을 것이다.

일송 윤덕선 선생이 몽매에도 못잊는 이념적 관심은 '인간', '교육', '국가'였다고 나는 이해한다. 언제나 그와의 대화는 이 셋이 화두였다. 어떻게 하면 인간을 더 건강하고 더 행복하게, 어떻게 하면 교육으로서 인간이 더 뜻있는 삶을 살아갈 수 있게, 어떻게 하면 이 나라를 평화와 풍요 속에 번창할 수 있게 할 수 있느냐가 그의 관심이었다. 이것은 그가 주장해서 대학 부설로 창설한 '한림과학원'의 연구 주제를 우선, 첫째, 가치관, 둘째, 역사, 셋째, 교육, 넷째, 통일의 문제로 잡은 것으로도 짐작할 수 있다.

일송은 '인간', '교육', '국가'에 관한 모든 일에서 우리가 '초석'이 되기를 강조했고, 그 자신도 겉으로는 드러나지 않는 초석이 되는 것이 한 좌우명이었다. 그에겐 세속적인 감투나 간판이나 명예 따위는 하등의 관심사가 아니었다. 오직 이상과 꿈을 향한 초석을 하나씩

둘씩 쌓아 가는 것이 관심일 뿐이었다. 일송처럼 이상을 향한 열정과 현실적 실천력, 담뿍 풍기는 카리스마와 입가의 부드러운 미소, 호방함과 자상함, 엄격함과 다정함을 어우른 분은 드물다.

그의 10주기를 기념으로 한림대학교에서 '일송상'을 재정했다. 매년 사회봉사, 교육, 의료 분야에서 공이 있는 한 분을 선정해서 시상하는 프로그램이다. 뜻밖에도 제2회 수상자로 내가 선정됐다. 수상답사 중에 나는 "일송 윤덕선 선생님은 이런 상을 저에게 주실 것이 아니라 더 오래 사셔서 우리와 같이 더 일하셨어야 했습니다."라고 말하고, 나도 모르게 스스로 울먹였다. 일송의 인간, 교육, 국가에 대한 이상과 열정은 지금도 한림대학교 그리고 그와 같이 했던 많은 사람의 가슴에 그대로 이어져 있다고 나는 믿는다. 일송 선생은 나에겐 한 커다란 위인이었다.

인 심

운전기사

1950년대 어느 해 충청북도 청주에 갈 일이 있었다. 그때엔 청주에 가려면, 서울역에서 기차를 타고 조치원에서 내려 역에서 기다리고 있는 미군 소형 트럭을 개조한 허름한 마이크로 버스를 타고 가는 것이 그래도 빨랐다. 조치원에서 청주로 가는 기차가 있기는 하지만 시간이 맞지 않아 많이 기다려야 했기 때문이다.

나는 마이크로 버스 운전기사 바로 뒤 옆 자리에 앉아 있어서 가는 찻길의 앞이 훤히 잘 보였다. 한참 달려가는데, 갑자기 어떤 아이가 버스 앞에 뛰어들면서 가로질러 갔다. 운전기사가 황급히 급브레이크를 걸었다. 운전하고 있지도 않은 나도 무의식으로 브레이크를 밟는 동작을 했다. 사고가 날 것으로 예상하고 가슴이 두근거렸다. 다행히 간발의 차이로 아이는 다치지 않았다. 그러니 운전기사는 얼마나 놀랐을까? 하마터면 살인범으로 전락할 뻔했으니 어지간히 화도 치밀었을 것이다. 꼬마 아이도 놀랐는지 아니면 '미안하다'는 뜻으로인지, 길 옆에 서서 운전기사를 말없이 빠끔히 쳐다보고 있었다.

운전기사는 놀란 가슴을 쓸어내리듯이 긴 한숨을 푹 쉬고 나더니 옆 창문을 열고 꼬마 아이를 노려보았다. 그 순간 나는 기사가 벼락 같은 노성을 지를 줄로 예상했다. 서울의 여느 운전기사 같으면, '이 자식아! 죽으려고 환장했냐, 이놈아!'라고 벼락을 치든지 내려서 따귀라도 때렸을 수도 있기 때문이었다.

그러나 그 운전기사는 다시 한 번 긴 한숨을 내리쉬더니 자신을 쳐다보고 있는 꼬마를 내려다보면서, 조용히 "그러는 게 아니여!"라고 충청도 특유의 말끝이 늘어지는 사투리로 한마디 하더니, 그냥 문 닫고 다시 한숨 쉬고 난 다음 시동을 걸고 아무 일도 없었던 것처럼 운전해 갔다. 나는 새삼 충청도 사투리에 담겨 있는 충청도 인심과 인정의 훈훈함이 무척 반가웠다.

군밤장수

만원버스를 비비고 내려서 집으로 가는 길은 동짓달 삭풍이 제법 차가웠다. 종종걸음으로 길을 재촉하며, 집으로 가는 길모퉁이를 꺾어 들었더니, 갑자기 군밤 냄새가 확 풍겼다. 겨울밤 삭풍 속 군밤 냄새는 마다할 수 없는 매력적인 유혹이다.

길모퉁이에서 군밤장수가 가물거리는 호롱불 밑에 좌판을 벌이고 밤을 굽고 있었다. 옆에는 '한 봉지 천 원'이라는 서투른 글씨의

딱지 간판이 세워져 있다. 나는 천 원짜리 한 장을 내밀면서 "아저씨 한 봉지 주세요."라고 건넸다.

그 아저씨는 신문지로 만든 봉지에 지금 막 구운 따끈한 밤이라고 말하면서 주섬주섬 군밤을 담았다. 다 담고 나서 봉지를 마무리기에 나는 받으려고 손을 내밀었다. 그런데 그는 그 군밤 든 봉지를 나한테 건네지 않고 두 손으로 꼭 쥔 채 내게 물었다.

"댁이 어디세유?"

순박한 충청도 사투리였고, 그저 지나가는 말로 하는 인사치레로 묻는 것이 아니라 진지하고 심각한 표정이었다. 나는 '이 사람이 왜 이렇게 남의 집이 어딘지를 심각하게 따지나?' 속으로 좀 의아해했으나 어디 어디 근처라고 대답했다.

"여기서 얼마나 멀어유?"

"한 10분쯤 걸릴 거예요."

"아이고, 그러면 한 장으론 안 되겠네유. 한두 봉지 더 겹으로 싸야겠네유. 식지 않게 두 겹 더 싸드릴 테니, 외투 주머니에 넣어서 꼭 쥐고 얼른 집으로 달려가세유. 군밤은 식으면 맛이 없어유."

그것은 손님을 끌려는 장삿속 겉치레로 하는 말이 아니었다. 혹시라도 내가 찬 군밤을 먹을까 봐 걱정하는 얼굴이었다. 그러면서 행여 식을까 봐 그 봉지를 두 손으로 꼭 쥐면서 내게 건넸다. 나는 무슨 불가항력의 명령이나 받은 것처럼 그 아저씨 말대로 군밤 봉지를 외투 주머니에 깊이 넣어 꼭 쥐고 집으로 달려갔다.

집 대문에서 초인종을 누르고 기다리는 동안 얼굴에 몰아치는 겨울 밤 바람이 몹시 찼다. 그래도 외투 속에 쥐고 있는 군밤 봉지는 손에 유난히 따뜻했고, 행여 내가 찬 군밤을 먹을까 봐 걱정스러워하는 순박한 충청도 사투리의 군밤 장수 아저씨의 훈훈한 마음씨가 마음에 더 따뜻하게 느껴졌다. 그 아저씨는 군밤 장사에서만 아니라 다른 모든 일에서도 남의 희로애락을 살피는 인자하고 정겨운 사람이었을 것이다. (이 글은 몇 분이 권해 일전에 발간한 수상집『그래, 이름은 뭔고?』에서 전재했다.)

그저 좋아서

발전과 행복

　세상은 참 무섭게 빨리 변한다. 1960년 GDP가 100불 미만이었던 최빈국 한국이 반세기 후 지금은 당당히 GDP 2만 불을 상회하면서 이른바 선진국을 바라보고 있다. 자타가 공인하는 경이적인 경제 발전은 동시에 이루 헤아릴 수 없이 많은 사회 변화를 수반했다. 그중 하나 의미심장한 변화는, 근자에 경제 발전이 과연 행복을 기약해 주느냐라는 의구심이 학계에서 심심치 않게 거론되고 있다는 사실이다.

　본래 경제 발전은 '잘 살려는' 것, 즉 행복의 추구가 목적이었다. 종래 경제학은 '돈, 즉 행복'이라는 대전제 위에서 추구되어 온 학문이다. 그런데 근자에 경제학자 자신들이 그 대전제에 회의를 던지는 연구를 발표하고 있다. 그런 조사 연구에 의하면, 부자 나라 사람들이 가난한 나라 사람들보다 행복지수가 조금은 높지만, 부자 나라가 더 부자가 된다고 행복감이 더 올라가지는 않는다. 도리어 어떤 경우엔, 예컨대 가난한 필리핀·인도네시아·나이지리아 사람들의 행복지수가 부자 선진국 사람들의 행복지수보다 더 높다고 했다. 즉, 어느 수준까지는 부의 증대가 행복감을 증폭하는 효능이 있지만, 그 수준 이상에서는 부의 증가가 행복감 증폭의 효능을 잃는다는 말이고, 행복감의 원천은 부 이외의 어떤 것에서 찾아야 한다는 말이다. 경제 발전으로 증대하는 부가 어느 수준 이상에서는 행복의 증폭으로 이어지지 않는 원인으로는 여러 가지가 있겠지만, 특히 경제 활동의 극심한 경쟁에 따른 피로와 스트레스 그리고 부의 증대에 따라 증폭되는 경제적 불평등에서 오는 '상대적 박탈감'을 흔히 그 주요 원인으로 든다.

1960년대 한국에서 경제 발전의 논의가 활발했을 때에도 국가발전계획에서 경제적인 국민총생산 GNP에만 관심을 둘 것이 아니라 '국민총행복' GNH(Happiness) 또는 '국민총만족' GNS(Satisfaction)이라는 개념도 고려해야 한다는 논자도 많았다. 나도 그 축에 끼었다. 그러나 그 개념을 명확하게 정의하기도 어려웠고 더구나 측정 방법이나 실현 방법은 더 어려워서 그저 발의 수준에 멈췄다. 그러더니 이제는 그 '행복' 또는 '만족'의 문제가 현실적으로 큰 관심사로 부상한 셈이다.

이런 사정을 가장 극명하게 드러낸 것이 어쩌면 지난 60년간의 한국의 경제 발전이 겪은 역사일지도 모른다. 얼마 전에 영국 시사 주간지의 한국 특파원인 영국인 저자 튜더(Daniel Tudor)가 한국의 경제 발전을 주제로 인상적인 저작을 펴냈다. 책 제목은『한국, 가능한 나라(Korea-the Impossible Country)』이지만, 그 뜻은 '불가능을 이루어 낸 희귀한 나라'라는 뜻이다. 우리말로는 '기적을 이룬 나라, 기쁨을 잃은 나라'라는 제목으로 번역되어 있다. 외국인으로서는 보기 드물게 한국의 역사와 문화에 관한 해박한 지식과 그 역사와 문화를 배경으로 천신만고 끝에 이루어 낸 기적적인 경제 발전의 자취를 소상하게 기술했다.

그는 결론에서 한국이 이러한 기적적인 경제성장을 이루었음에도 불구하고 한국 사람들 자신은 그리 행복하지 않다는 것이 문제라고 했다. 세계 여러 나라 중에서 한국인의 행복지수는 70위이고, 경제 상위 24개국 중에서는 밑바닥인 23위이며, 자살률도 리투아니아와 같이 세계 1위이고, 술 소비량도 최상위급이라고 지적한다. 그러면서 그는 이제 한국은 그간의 성취를 자축하는 샴페인을 즐기는 마음의 여유와 더불어 부의 추구에만 골몰한 삶을 반성할 만한 때라고 결론지었다. 이 책의 한국어판에서는 책 제목을 원저자의 결론을 더부각해서 위에 적은 대로 아예 『기적을 이룬 나라, 기쁨을 잃은 나라』라고 붙였다.

한 논자는 더 극적인 나라의 사례를 든다. 수십 년 전까지 히말라야의 작은 라다크라는 나라는 지구상에서 가장 즐거운 나라였다. 그들의 문화는 상호 존중, 지역사회 정신, 서로 나누는 열정, 자연숭배, 인생에 대한 감사와 사랑의 기품을 만들어 냈다. 그들의 가치관은 부드러운 마음, 감정 공명, 공손, 영적 감각, 환경 보전의 정신을 길러냈다. 그런데 1980년대에 소비성 자본주의 수입의 타격으로 인해이 모든 것이 변했다. 라다크 발전위원회는 '라다크가 발전하려면 우리는 사람들을 더 탐욕스럽게 만들어 내야 한다.'고 했다. 그들은 성공했다. 그리고 라다크 사람들은 이젠 만연하는 범죄, 각종 가치의 붕괴, 우울증, 오염 그리고 각종 박탈에 시달리고 있다.

우리는 잘 살려고, 즉 행복하려고 경제 발전을 추구해 왔다. 하지만 이와 같은 사실들은 다시 깊이 성찰해야 할 몇 가지 문제를 던진다. 첫째는 '발전'이란 무엇이냐라는 문제다. 경제 발전이 GDP의 성장만을 의미하지 않고, 정치 발전이 1인 1투표의 민주주의만을 의미하지는 않는다면 거기에 부수되어야 할 다른 여러 경제적·정치적·사회적·심리적 조건은 무엇인가? 둘째는 '행복'이란 무엇이며 그 원천적 조건은 무엇이냐는 문제다. 자고로 공자나 아리스토텔레스 등 동서양의 성현들이 부귀영화가 반드시 행복의 원천은 아니라고 역설한 것을 다시 음미해야 할 것이다. 셋째는 새롭게 등장하는 더 심각한 문제는 어느 수준 이상에서는 부가 행복감과 별 관계가 없다면, 그 수준 이상에서도 부와 행복감을 아울러 같이 증진하게 하는 경제·경영·정치적 정책은 무엇이냐 하는 것이다.

첫째 문제, 즉 발전에 대해 내가 종래 가지고 있던 간명한 답은 제반 국가 발전의 목적은 모든 국민의 최대한의 자아실현이라는 답이다. 즉, 모든 국민이 인간으로서 가지고 태어난 생리적·정서적·사회적·'철학적'인 필요와 욕구를 최대한 적정하게 실현할 수 있는 조건을 마련하는 것이 국가 발전의 목표다. 문제는 '발전'을 이런 넓은 뜻으로 해석하지 않고, 좁게 부를 위한 경제 발전으로만 여기는 데 있다.

둘째, 행복에 관한 나의 답은 행복에 관한 근래의 여러 연구를 바탕으로 다음 네 가지로 요약할 수 있다. 우선 '건강'은 행복의 대전제다. 몸이 아프면 행복할 수 없다. 다음은 화목한 인간관계다. 가정, 동네, 직장, 친구 간의 화목한 인간관계이고 그럴 수 있는 시간이 있는 나라다. 가난한 나라가 부자 나라 못지않게 행복한 것은 주로 이 때문이다. 다음으로, 남을 자주 칭찬하고 도와주고 남에게 자주 감사하고 베푸는 '선(善) 행위'가 남도 행복하게 하려니와 나 자신도 행복하게 한다. 자신의 도덕적 행위가 자신에게 행복감을 준다는 말이다. 이는 옛날부터 성현들이 한결같이 강조해 온 바다. 그리고 어떤 보람 있는 작업, 경기, 연주, 연구에 무아지경으로 몰입할 때 그는 행복하다. 그럴 때만은 온갖 시름, 걱정, 두려움을 잊어버리는 삼매경에 들기 때문이다.

어려운 문제는, 셋째, 발전과 행복의 관계다. 과연 어느 수준 이상에서는 발전과 행복은 같이 성장할 수 없는 관계에 있는 것인가? 그 둘의 병진이 가능한 정치·경제적 방책은 없는 것인가? 아니면 많은 성현이 일러 주었듯이 행복은 부와는 전혀 다른 차원에서 찾아야 할 정신상태인가? 아마도 이런 문제는 경제학·경영학·정치학을 비롯해 모든 사회과학과 인문학이 계속 추구해야 할 문제일 것이다.

4. 시애틀의 편지

안 뜯기는 봉투

　나는 돈 버는 일과는 거리가 멀지만, 그래도 하나 아는 것은 물건 만들어 파는 일도 물건을 사서 쓸 사람, 먹을 사람, 입을 사람의 생각을 깊이 해야 잘 팔릴 것이라는 점이다.

　벌써 근 20년 전 오늘처럼 발전하기 전의 중국 여행 중에 어떤 공항 매점에서 비닐봉지 속에 든 과자가 맛있어 보이기에 한 봉지를 사서 비행기를 탔다. 비행기에서 먹으려고 봉지를 뜯으니, 아무리 여기저기를 살펴보아도 뜯을 수 있는 곳이 없었다. 할 수 없이 아무 데나 두 곳을 손가락으로 꼭 잡고 찢으려 해도 봉지가 영 찢어지지 않는다. 여기도 저기도 안 찢어진다. 할 수 없이 봉지 한 모서리를 이 사이에 물고 잡아 뜯어도 쉬 안 찢어진다. 좀 신경질이 났다. 다시 꼭 물고 괴상한 인상까지 쓰고 얼굴까지 붉히면서 잡아당겼더니 겨우 뜯겼다. 그럴듯하게 포장해서 팔 생각만 했지 먹으려고 봉지

뜯을 사람의 편의는 생각하지 않은 처사다.

옆에 앉은 동행자가 "후진국의 한 특징은 봉지나 봉투가 잘 뜯기지 않는다는 것일세." 하고 웃으며 말했다. 그 후로는 중국의 과자봉지는 다시 사지 않았다. 그러나 이렇게 안 뜯기는 봉지는 후진국만은 아니라 발전했다는 요즈음 한국에도 있다.

우리 집엔 일요일 빼고는 거의 매일 꽤 많은 우편물이 배달되어 들어온다. 편지봉투도 있고 큰 종이봉투도 있고, 비닐 속에 서류나 잡지가 든 봉투도 있고 가끔은 작은 소포도 있다. 어떤 편지는 봉투를 접어 붙인 곳 한쪽에 붙어 있지 않은 곳이 있어서 손가락이나 연필 같은 것을 넣어서 쉽게 뜯어 열 수 있다. 그러나 어떤 우편물 봉투는 접어 붙인 곳이 손가락은 물론 연필 끝이나 뾰족한 펜나이프도 들어갈 수 없게 '완전히' 붙인 봉투가 있다. 할 수 없이 봉투 모서리를 찢는다. 그러다가 속에 든 편지마저 찢는 수가 있다. 때로는 봉투가 두껍고 질겨서 찢기지 않는 봉투도 있다. 순간 신경질이 솟는다. 옆에 가위라도 있으면 가위로 봉투 모서리를 자를 수 있지만, 가위가 없으면 가지러 가기도 귀찮아서 다시 인상을 쓰면서 야만스럽게 이로 물어뜯을 수밖에 없다. 가위로 자른다 해도 자칫 속 편지마저 자를 수도 있고, 옆에 쓰레기통이 없으면 잘린 종이조각을 버릴 데도 없어서 난감해진다.

요새는 비닐이 흔해서 주간지나 월간지 같은 우편물은 비닐 겉봉에 들어 있는 것이 많다. 그중에도 중국 비닐 과자 봉지처럼 잘 안 뜯기면서 신경질을 돋우고 물어뜯게 하는 것이 꽤 있다. 또 비닐 봉투는 뜯을 때 접어 붙힌 곳이 끈적끈적하게 손에 달라붙어 손끝을

'불쾌'하게 하는 것도 자주 있다.

가끔은 쉽게 열리는 편지봉투, 쉽게 열리거나 뜯을 수 있게 세심한 배려를 한 것이 틀림없는 주간잡지 봉투를 만난다. 그럴 때면 마음도 홀가분해지고 그 우편물은 열어 보기도 전에 우선 반갑다. 한 월간 잡지의 봉투는 위를 접어 붙이지 않고 열린 두 면 안쪽을 한 3, 4센티미터만 살짝 붙인 봉투다. 손가락을 넣어서 당기면 쉬 금방 열린다. 한 주간지는 아주 얇은 비닐을 써서 쉬 뜯긴다. 그런 봉투로도 운송 도중 안의 잡지나 서류가 쏟아져 나가는 일은 없다는 것을 틀림없이 확인한 다음에 그렇게 우송했을 것이다.

과자 봉지, 우편물 봉투를 쉽게 뜯어 열 수 있게 하는 작은 배려가 쉽게 뜯기지 않아 가위나 칼을 들게 하거나 이로 물어뜯어야 하는 신경질이 나게 하지 않기 때문에 우리의 정신건강에도 도움이 될 것이다.

시애틀의 편지

　미국에서 서부 개척이 한창일 때, 미국 정부가 태평양 연안 서북부에 사는 인디언들의 족장 시애틀에게 편지를 보내서 그들의 땅을 미국 정부에 팔 수 없느냐고 문의해 왔다. 시애틀은 답장을 써 보냈다. 그 답장이 대자연에 대한 깊은 애정과 외경을 담고 있는 명문이라서 혼자 읽어 두기가 아까워서 여기에 옮겨 수록한다. 그의 편지는 근래 그 요구가 고조되고 있는 자연과 생태계 보전의 기본 '철학'을 밝히고 있는 선언문이라고도 할 수 있다. 또한 흔히 사람들이 말 타고 사냥하고 전투만 벌이는 거친 기질이 그들의 특징이라고만 생각하고 있는 아메리칸 인디언에게 이렇게 철학적이고 깊고 섬세한 문학적 기질도 깃들어 있었구나 하는 놀라움도 주는 글이다.

　"워싱턴에 있는 대통령이 우리의 땅을 사기를 원한다는 말을 전

해 왔다. 그러나 당신은 하늘을 어떻게 사고팔고 할 수 있는가? 땅은
또? 그런 일은 우리에겐 이해하기 어려운 생소한 생각이다. 우리가
공기의 신선함을 소유하고 있는 것도 아니고, 흐르는 물의 반짝임을
소유하고 있는 것도 아닐진대, 그것을 당신은 어떻게 살 수 있다는
말인가?"

"이 땅의 구석구석 모든 것은 다 나의 부족에겐 신성하다. 반짝이
는 솔잎들, 사장의 해변, 어두운 숲 속의 안개, 초원, 왱왱거리는 벌
레들, 이 모든 것은 우리 부족의 기억과 경험에서 신성하다."

"우리는 우리 혈관을 피가 흐르고 있는 것을 알고 있듯이 나무들
속을 흐르고 있는 수액을 알고 있다. 우리는 이 땅의 일부고, 땅은
우리의 일부다. 향기로운 꽃들은 우리의 누이다. 곰, 노루, 큰 독수
리, 이들은 우리의 형제들이다. 바위산의 언덕, 초원의 물기, 망아지
와 사람의 따뜻한 체온, 이 모든 것은 다 같은 가족에 속한다."

"개울과 강에 흐르는 반짝이는 물은 그냥 물이 아니고, 우리 조상
의 피다. 혹 우리가 당신들에게 우리 땅을 팔면, 당신들은 이 땅이
신성하다는 것을 잊지 말아야 한다. 맑은 호수 속에 비치는 성령 같
이 반사하는 그림자는 우리 부족의 삶의 사건들과 기억을 일러 주고
있다. 잔잔한 여울의 물소리는 내 아버지의 아버지의 목소리다."

"강은 우리의 형제다. 강은 우리의 갈증을 식혀 준다. 강은 우리

의 카누를 실어 나르고, 우리 아들을 먹여 살린다. 그러니 당신은 당신의 모든 형제를 아끼듯이 강에도 친절을 베풀어야 한다."

"혹 우리가 당신들에게 우리의 땅을 팔면, 대기가 우리에게 귀중하다는 것, 대기는 그것이 지탱해 주는 모든 생명체가 그 정기(精氣)를 나누어 가지고 있다는 것을 기억하라. 우리 할아버지에게 그의 첫 숨을 준 바람은 그의 마지막 숨도 받아갔다. 바람은 우리 아이들에게도 삶의 정기를 불어넣는다. 그러니 혹 우리가 당신에게 우리 땅을 팔면, 그 땅을 사람들이 초원의 꽃들로 달콤해진 바람을 맛볼 수 있도록 특별히 신성하게 유지해야 할 것이다."

"우리가 우리 아이들에게 가르친 것처럼 당신들도 당신의 아이들에게 그렇게 가르치겠는가, 이 땅은 우리들의 어머니라는 것을? 이 땅에 닥치는 일은 이 땅의 모든 아이에게도 닥칠 것이라는 것을?"

"이것을 우리는 알고 있다. 이 땅이 사람에게 속해 있는 것이 아니라 사람이 땅에 속해 있다는 것을. 우리의 모두를 잇고 있는 피처럼 모든 것은 다 서로 이어져 있다. 사람이 여러 생명체의 그물을 짜내는 것이 아니라 사람은 그 그물의 한 오리일 뿐이다. 사람이 그 그물에 끼치는 일은 다 그 자신에게도 일어난다."

"우리는 하나 알고 있다. 우리의 하느님은 당신의 하느님이기도 하다는 것을. 이 땅은 하느님에게도 소중하며, 땅을 해치는 일은 그

창조자에게 모멸을 퍼 붓는 일이다."

"당신들의 운명은 우리에겐 알 수 없는 수수께끼다. 이 땅에서 모든 들소가 사라지면 무슨 일이 일어날 것인가? 또 야생마들이 다 길들여지면 어떻게 될 것인가? 깊은 산 속의 비경(秘境)에까지 많은 사람의 냄새가 무겁게 깔리고, 무성한 산언덕의 전망이 전횟줄로 얼룩져 있다면 이 땅은 어떻게 될까? 숲이 어디 남아 있을까? 사라져 없다! 독수리는 어디 있을까? 없다! 빠른 말과 사냥과 작별한다는 것이 무엇일까? 그것은 곧 삶의 종말이고 살아남기 싸움의 시작이다."

"최후의 인디언이 그의 광야에서 그의 기억과 더불어 사라지고, 그의 기억은 황야를 지나가는 구름의 그림자일 뿐일 때, 이 아름다운 해안과 삼림이 그대로 여기 남아 있을까? 우리 민족의 기상이 조금이라도 남아 있을까?"

"우리는 갓난아이들이 엄마 가슴의 맥동을 사랑하듯이 이 땅을 사랑한다. 그러니 우리가 우리 땅을 당신들에게 팔게 되면, 우리가 그것을 사랑했듯이 그것을 사랑하라. 우리가 그것을 소중히 여겼던 것처럼 소중히 생각하라. 모든 아이를 위해서 이 땅을 보전하고 사랑하라, 하느님이 우리 모두를 사랑하듯이."

"우리가 이 땅의 일부인 것처럼 당신들도 이 땅의 일부다. 이 땅은 우리에게 소중하다. 그것은 당신들에게도 소중하다. 한 가지 우리가 알고 있는 것이 있다. 하느님은 오직 하나다. 인디언이건 백인이건 아무도 떨어져 있지 않다. 우리는 결국 다 형제들이다."

이 편지의 일부가 미국 시애틀에 있는 워싱턴 주 정부 청사의 홀에 조각되어 있다고 한다.

비방과 칭찬

한국 사람은 어쩐지 남의 잘못이나 단점을 흠잡고 비방은 자주 하지만, 그의 장점과 공적을 인정하고 칭찬하는 데에는 인색하다는 느낌이 들 때가 많다. 모든 사람은 여간 성인군자가 아닌 다음엔 장점과 단점, 잘한 일과 잘못한 일이 다 있게 마련이다. 그때 잘못을 더 들추어내느냐, 잘한 것을 더 드러내느냐가 문제다.

심리학의 행동수정이론에서는 사람의 잘못을 꼬집어 흠잡고 질책하는 것은 그 잘못을 되풀이하지 않게 하는 데에 별 효과가 없고, 도리어 잘못은 못 본 척하고 어쩌다 잘한 일은 지체 없이 칭찬해 주는 것이 그 좋은 행동을 더 잘하게 조장해 줄 뿐만 아니라, 잘못된 나쁜 행동을 소멸하게 하는 데에도 효과적이라고 한다.

예컨대, 교실에서 주의가 산만해서 지긋이 공부는 하지 않고 장난만 하고, 따라서 시험 때마다 나쁜 점수를 받는 문제 학생은 그런 나

뻔 행동을 하거나 나쁜 점수일 때에는 못 본 척 아무 질책도 않고, 어쩌다 선생의 말을 잘 듣고 있거나 시험에서 전보다 좋은 점수를 땄을 때엔 지체 없이 반드시 칭찬해 주는 것이 그런 주의산만한 행동을 수정하고 성적을 올리는 데에 더 효과적이다. 나쁜 행동을 비방하거나 질책하기보다는 좋은 행동을 인정하고 칭찬해 주는 것이 바람직한 행동수정에 더 효과적이라는 것이다.

남의 행동이나 행적을 보고 배울 경우에도 매한가지다. 남의 좋지 않은 행동·행적을 보고 '그렇게 하지 말아야겠다.'고 생각하기보다는 남의 훌륭한 행동이나 행적을 보고 '나도 그래야겠다.'고 배우는 심리가 더 강하다. 그래서 훌륭한 인물의 위인전은 좋은 교육 자료가 된다. 그런 위인들도 인간인 이상 지적·정서적·도의적으로 어떤 결점이 없지는 않았을 것이다. 그러나 대개의 위인전이나 인문 평전에서는 그런 결점을 별로 드러내지 않는다. 그런 결점을 알려고 위인전을 찾는 사람이 별로 없기 때문이다.

우리나라에서는 특히 정치 분야에서 이념적 대립의 여파로 비방과 헐뜯기가 판을 친다. 역대 대통령 중 이승만, 박정희는 독재자로만 몰고, 전두환, 노태우는 부정 축재자로만 흠잡고, 김대중, 노무현이라면 '종북' 세력으로만 여기고 헐뜯으면서, 그들의 공적은 별로 찬양하지 않는 풍조가 짙다. 그들의 공과가 아울러 정당한 평가를 받지 못하고, 헐뜯기만 난무하고 있다. 하지만 나는 이승만이 일제 강점기에 광복을 위해 헌신했고 대한민국 건국과 전란에서 대한민국을 보전한 일은 누가 뭐라 해도 그의 공적이고, 박정희는 온갖 독재 행태에도 불구하고 경제 발전은 그의 불후의 공적임은 평가해야 한다고 믿는다. 전두환은 불안한 정계 상황 속에서도 경제 성장을 지속했고, 노태우는 군사 정부에 종지부를 찍었다. 김대중은 군정 기간 민주주의의 상징이었고, 노무현은 대통령의 권위에 서민 이미지를 부각시킨 공이 있었다.

나는 이렇게 역대 대통령의 공과를 아울러 평가하고 차세대 국민을 위해 그들의 공적을 허심탄회하게 인정한다면 그들의 공적을 기리는 동상이나 기념관을 적절한 장소에 건립해야 한다고 믿는다.

한국의 정당들은 상대방 헐뜯기 일변도의 대표적인 기관이다. 상대방의 인물, 정책, 발언 중 하나라도 긍정하는 경우, 더구나 칭찬하는 경우는 들을 수 없다. 정당들은 물론 정권 쟁취가 목적인 조직이다. 그러나 정권 위에는 정당 이해를 넘는 '국가'라는 존재가 있다. 국가를 위해 타당한 정견이나 발언은 서로 긍정해야 마땅한데, 그런 배려는 전혀 없어 보인다. 이것이 혹시 온갖 수단을 다해서 상대방을 헐뜯어서 몰아내야 정권을 잡을 수 있었던 피비린내 나는 옛 사색당쟁의 유습일까?

정당 관계에서건 인간관계에서건 우리는 혹 상대방을 칭찬하고 추어올리면 내 정당 또는 '나'라는 인간이 격하되고, 남을 비방해야 내 정당, 내 인간성이 격상된다는 착각에 빠져 있는 것이 아닐까 하는 생각마저 든다. 실은 그 반대일 것이다. 비방은 실력 없는 자가 실력 있는 자에 대한 질시에서 비롯할 수도 있기 때문이다. 남의 장점을 볼 줄 알고 그것을 칭찬할 수 있는 사람은 도리어 실력이 있어 마음이 열려 있는 사람이다.

여기에서 본의 아니게 내 자랑을 좀 해야겠다. 1985년경 캐나다의 한 대학에 '미국사회과교육협의회'라는 큰 조직의 연차학술대회가 있었다. 매년 1,000명이 넘는 회원이 모여 3일간 협의를 한다고 했다. 매일 한두 시간의 전체 회의가 있고, 거기에서 한 번씩 기조연설이 있는데, 어떤 경로에선지 내가 3인의 기조연설자 중 한 사람으로 천거되었다.

나는 기왕 천거된 김에 꽤 애써서 원고를 준비했다. 첫날 기조강연자는 미국인 학자, 둘째 날은 필리핀 학자였다. 그들의 강연 뒤엔 으레 청중의 의례적인 박수가 따랐다. 마지막 셋째 날이 내 차례였다.

나는 준비한 대로 약 40분간 강연을 했고, 끝날 때쯤에 그런대로 강연을 무난히 했다고 자부하면서 '경청에 감사하다.'는 인사말로 강연을 끝냈다. 그러자 청중 모두가 일제히 일어서서 요란한 박수를 내게 보냈다. 이른바 '기립박수'다. 의외의 일에 좀 얼떨떨했지만 고맙다는 답례를 하고 강단을 내려와서 강사 좌석에 앉았는데 그때까지도 기립박수가 이어졌다. 그러자 주최 측에서 와서 '다시 답례하라.'고 귀띔해서 다시 일어나 손 흔들고 답례를 했더니 그제야 다 박수를 멈추고 앉았다. 순간 미국인은 잘한 일에 칭찬을 아끼지 않는구나 하는 생각이 들었다. 나중에 동석했던 한국 학자 세 사람은 동료 한국인 학자가 기립박수를 받고 있는 것이 하도 감동스러워 눈물이 맺히더라고 했다.

나는 그때까지 국내에서 근 30여 년 동안 강연을 아마 수백 번은 했을 것이고, 그중에 꽤 괜찮은 강연을 한 적이 몇 번은 있었으련만 강연 후 박수는 받았지만 기립박수는 한 번도 없었다. 우리는 오페

라나 콘서트가 끝나면 자리를 뜰 준비 겸 기립박수는 보내지만, 학술강연에서는 기립박수를 거의 못 본다. 잘했건 못했건 그저 덤덤하다. 그들의 문화는 남 칭찬에 후하고, 우리는 남 칭찬에 인색한 셈이다. 그들의 기립박수는 내게 성취감과 성취의 의욕과 자신감을 더해 주었다.

잘한 일에는 좀 더 서로 칭찬을 자주 하기를 나는 권한다. 칭찬은 그에게 하는 일에 대한 자신감과 의욕과 향상의 노력을 부추겨 줄 뿐만 아니라 사회 전체를 좀 더 명랑한 사회로 이끌기 때문이다. 단, 흔히 있는 의례적이고 외교적인 칭찬, 특히 '아첨'형 칭찬은 일종의 거짓일 뿐 참된 칭찬은 아니다.

맞벌이 부부

갓난아이는 엄마의 사랑을 '먹고' 자라난다. 엄마가 아이에게 젖을 먹이는 것은 원초적이고 필수인 사랑이다. 하지만 아이의 건전한 신체적·정신적 발육을 위해서는 엄마의 사랑은 젖 먹이는 것 이상의 사랑이어야 한다. 왜냐하면 아이들은 그야말로 미·후·시·청·촉의 오관(五官) 모두를 동원해서 엄마의 사랑을 받아들이며, 또 그럴 수 있어야 하기 때문이다. 허기를 채워 주는 젖 먹이기만으로는 부족하기 때문이다.

물론 아이는 엄마의 젖을 먹으면서 젖의 미각과 배부름으로 엄마의 사랑을 느낀다. 하지만 동시에 엄마의 젖가슴, 목 등을 만지면서 그 탄력, 부드러움, 따뜻함을 촉각으로 느끼면서, 엄마의 정다운 얼굴 표정을 시각으로 보면서, 엄마의 부드러운 목소리를 청각으로 들으면서, 엄마의 몸과 옷에서 풍기는 체취를 후각으로 맡으면서도 엄마의 사랑을 받아들인다. 달랑 우유 젖병을 들고 배고픔의 허기증만 달래는 것만으로는 사랑은 만족되지 않는다. 아이들은 미각만 아니라 촉각, 시각, 청각, 후각 그리고 들어 주고, 안아 주고, 얼러 주고 할 때의 운동감각으로 그 만족을 갈구하는 '허기증'도 가지고 있는 존재다.

벌써 옛날 1950년대에 심리학자 할로우(Harry Harlow)가 널리 알려진 유명한 실험을 했다. 갓 태어난 원숭이 새끼를 기르는데, 우리 속에는 엄마처럼 생긴 두 개의 원숭이 인형을 넣어 놓았다. 하나는 가슴 부위에 젖병이 달려 있으나 그것을 먹기 위해 안겨야 하는 엄마 품은 가는 철사로 엮어 만든 '철사 엄마'였고, 또 하나는 가슴 부위에 젖병은 없으나 안길 수 있는 푹신푹신한 털로 만든 엄마 품이 있는 '털 엄마'였다. 실험 관찰의 요점은 새끼 원숭이가 어느 엄마를 더 따르느냐였다. 새끼 원숭이는 배고플 때만 '철사 엄마'한테 매달려 젖을 먹고 나머지 시간은 거의 다 '털 엄마'와 놀고 안기고 했다는 것이 그 실험의 결과다. 식욕의 만족도 중요하지만, 동시에 촉각, 기타 오관의 만족도 똑같이 또는 더 중요하다는 말이다.

부부가 다 밖의 직장에 다니는 '맞벌이 부부'는 내 앞 세대에서는 전무였다고 해도 좋을 만큼 드물었고, 내 세대의 친구들 가정에서도 드문 편이었다. 그러나 경제 발전과 더불어 증가하는 산업 인력의 수요, 여권 신장의 이념, 여성 고등교육 인구의 증가 등의 여러 추세에 따라 여성 취업 인구가 늘면서 이제는 '맞벌이 부부'가 도리어 신혼부부의 대세가 아닐까 할 정도로 예사가 되었다. 이런 추세는 경제 발전의 필요에서나 여성의 인간적 자아실현의 필요에 비추어 바람직한 추세다.

다만, 이런 상황에서 신혼부부 사이에서 태어나는 아이들, 특히 갓 난 어린아이들의 건전한 신체적·정신적 양육을 어떻게 보장하느냐 하는 것이 큰 문제다. 즉, 어떻게 어린 영아기에 긴요한 '오관'을 통한 엄마의 사랑을 충분히 베풀 수 있는 제도를 마련하느냐가 문제다. 물론 육아는 부부 공동의 책임이다. 하지만 엄마가 생리적으로나 심리적으로 일차적인 육아 역할을 지닌다는 것은 부인할 수 없다. 따라서 엄마가 아이와 '오관의 사랑'이 가능할 만큼 충분한 시간을 같이 지낼 수 있어야 한다. 그것이 심신이 건전한 이 나라의 다음 세대를 보장하는 첫 사회 조건이다. 그러나 지금 우리나라의 현실은 이 사회 조건에 극히 미흡하다는 것을 부인할 수 없다.

물론 정부에서도 이 문제를 인식하고 여러 시책을 펴 왔다. 출산 휴가에 이어 육아 휴가의 제정, 어린이집·유치원의 증설 등이다. 그만해도 큰 진보인 것은 확실하다. 그러나 문제는 남는다. 그것은 영국의 아동학자 리치(Leach)*가 말한 대로 '아무리 좋은 시설과 훌륭한 보모나 보육교사라도 친엄마를 대신 할 수는 없다.'는 문제다. 그러면서 그는 모든 엄마는 적어도 5, 6년은 휴직하고 육아에 전심해야 하고, 사회는 그 후 그의 복직을 허용해야 한다고 제안했다.

어떤 인류학자가 다음과 같이 주장한 것이 흥미로웠다. 즉, 모든 동물은 번식하는 생식기가 끝나면 거의 다 곧 죽는다. 하지만 인간

---

*Lacayo, R., "Bring Up Babies", Time (May 9, 1994).

은 생식기가 끝나도 할머니, 할아버지로 오래 살아남는다. 거기엔 어떤 진화론적 이유가 있을 것이라고 그는 추론한다. 그것은 아이를 기르려면 아빠만 아니라 엄마도 밭에서 일하는 등 아이 옆을 떠나 있어야 할 경우가 많은데, 그럴 때 아이를 돌보아 줄 할머니, 할아버지가 살아 있는 것이 종의 생존에 유리하기 때문이었다는 것이다. 특히 인간의 아이는 어느 동물의 새끼보다도 연약하고 성장기가 길기 때문에 더 그렇다는 것이다.

기실 우리 주변에서도 맞벌이 신혼부부가 아이를 낳으면 엄마가 직장에 나가 있는 낮엔 시어머니나 친정어머니에게 아이를 맡기는 경우를 자주 본다. 그러나 요새는 시어머니·친정어머니도 이런 일을 안 맡으려는 경향이 들어나 보인다.

이런 현실에서 내 제안은 '직장보육원'을 장려·보급하고 나아가 의무화하는 제도다. 예컨대, 일정 수준 이상의 직장에는 1, 2, 3세 영아를 가진 엄마 직원이 있을 경우, 그 영아를 맡아 보육할 시설과 보육교사가 있는 직장에 부설된 '보육원'을 경영하면, 그 어머니는 오전·오후 약 20분, 점심시간 또는 필요한 시간에 보육원에 들러서 젖도 먹이고 잠깐 같이 놀기도 하면서 '오관의 사랑'을 나눌 수 있을 것이다. 그런 직장보육원 운영 비용은 엄마 직원, 직장, 국가가 적절히 염출해 낼 수 있을 것이다.

이미 우리나라에서도 직장보육원을 시작한 기업체들이 있다고 들었으나, 그것이 보편화되려면 아직 갈 길이 멀다. 하지만 맞벌이 부부의 사정, 특히 건전한 이세대의 육성을 위해서는 달리 더 신통한 시책은 없을 것 같다.

내 세대가 더 행복했나?

　나는 요새 나이 탓인지, 내가 이 세상을 떠난 후 우리 아들딸, 손주들이 살아갈 21세기의 내일이 어떤 한국, 어떤 세계가 될는지 걱정스러울 때가 많다. 지난날 내가 주로 살아온 20세기가 몹시 다사다난한 시대였지만, 여러 미래 예측의 관망으로는 내일은 더 살아가기가 힘겨운 세계가 펼쳐지는 것이 아닌가 하는 걱정이다. 그럴수록 다음 세대가 그 어려움을 슬기롭게 극복해 갈 수 있는 예지가 있기를 바라는 마음이 간절하다. 몇 가지만 예를 들자.

　하늘이 무너져 내릴까 봐 걱정하는 것과 같은 쓸데없는 걱정을 기우(杞憂)라고 하지만, 지금 하늘이 무너져 내리지는 않아도 하늘이 꺼져 가고 있다는 것은 기우가 아니다. 즉, 강렬한 태양광선을 생물이 살기에 알맞게 부드럽게 해 주는 대기 상층의 오존(O_3)층이 산업 발전으로 지구가 내뿜는 CFC라는 가스 때문에 급속히 사라지고 태양광선이 점점 '살인적'으로 강해지고 있다. 그것이 인간을 포함하는 모든 생물에 변질과 질병의 원인이 되어 가고 있다.

또 널리 알려져 있듯이 지구의 공장과 자동차가 내뿜는 다량의 이산화탄소가 원인인 지구의 온난화 때문에 북극·남극의 빙산 지대가 녹아내리면서, 이미 지난 반세기에 지구상의 해수면이 20센티미터 상승했고, 그 속도가 빨라지며 다시 반세기 후에는 해수면이 1 내지 2미터 상승하고 세계 주요 대도시를 삼켜 버릴 것이라는 전망도 있다. 온대가 아열대가 되고 한대가 온대가 되면서 동식물 생태계가 큰 변화를 겪을 것이고, 그 경제적·정치적 반향도 큰 문제가 될 것이라고 한다. 태풍 등 지구의 기상 이변도 대형화하고 있다.

세계의 인구는 지금도 꾸준히 증가하고 있고 지구가 점점 좁아져서 살기가 힘들어지고 있다. 남한만 하더라도 1945년 2천만의 인구가 지금 5천만이고, 그때 3천만 한반도 인구가 지금은 8천만이다. 물론 가용 농지나 공간은 옛 그대로다.

물은 생물체에 절대적으로 필요한데, 그 물도 문제다. 1960년대까지도 '물을 사 마신다.'는 생각은 있을 수 없었다. 산야에 흐르는 물, 땅을 파서 올리는 물은 아무데서나 마실 수 있었다. 1960년대까지 서울의 북한산이나 도봉산 계곡의 물은 그대로 마셨고, 내가 어려서 멱을 감던 개울물은 휘적거리지 않은 데의 물을 그대로 마시곤 했다. 이런 세상은 영영 가버린 것만 같다. 지금은 지하수도 마음 놓고 마실 수가 없다.

지정학적인 어려움은 생태계의 어려움보다 어쩌면 더 어렵다. 한반도의 남북 분단도 애당초 지정학적 갈등의 소산이었다. 남북의 평화통일은 아직 앞길이 보이지 않고, 도리어 일촉즉발의 긴장 속에 있다. 어떤 모양으로든 통일이 된다고 해도 70년간 이질화된 또는 자칫하면 근 한 세기를 걸쳐 이질화될 남북의 생활 문화를 정신적으로 동질화하고 통일하는 일은 많은 어려움을 함축할 것이 명약관화다. 어쩌면 통일 후의 문제가 통일 전의 문제보다 더 어려울지도 모른다.

국제화된 세계는 전쟁도 쉽게 국제적으로 번질 가능성을 내포한다. 한반도는 예부터 지정학적으로 예민한 위상에 있어 왔다. 내일의 한국이 이 예민한 지정학적 위상에서 어떻게 한반도에 유리하게 외교 관계를 경영하느냐는 특히 긴요하고도 어려운 과제일 것이다.

한국은 부존 자원이 빈약한 나라다. 따라서 경제도 '인간 자원'을 유능하게 '개발'함으로써 그들로 하여금 국제화 무대에서 자원을 유치하게 하는 길만이 살 길이다. 이런 국제적 능력과 안목은 한국에 필수라고 해야 한다.

이렇게 예견되는 모든 내일의 한국의 문제는 내가 살던 20세기에 싹이 트기는 했지만, 내 세대는 매일매일의 생활에서는 생각 안 하고도 살 수 있었던 문제다. 그런 의미에서 일제강점과 미일전쟁, 한국전쟁과 가난에 시달렸으면서도 지금처럼 내일에 엄습해 올 어마어마한 대형의 문제에 부심할 필요는 없었으니 20세기의 내 세대가 도리어 행복했던 시절이었다는 생각이 가끔 든다. 아무 물이나 마셔도 됐고, 사과는 농약이 무서워서 꼭 깎아 먹지 않아도 됐던 세상, 남북이 갈라져 으르렁대지 않아도 됐던 세상이 더 행복했던 것이 아닌가?

어찌 생각하면 20세기의 내 세대가 깊은 사려 없이 저질러 놓은 잘못의 뒤치다꺼리를 21세기의 후손들에게 떠넘기는 듯한 죄책감도 없지 않다. 다만, 바라건대 내일의 한국인은 짐스럽지만 이 모든 문제를 용감하고 슬기롭게 풀어나갈 수 있는 예지를 갖춘 인물들이기를 기원한다.

5. 생사 사이

생사 사이

중병으로 사경을 헤매다가 기적적으로 살아난 심리학자 매슬로 (Abraham Maslow)는 병후 요양 중에 다음과 같은 회고를 썼다.

"죽음에 직면한다는 것 그리고 그 유예를 받고 있다는 것은 모든 것을 아주 소중하고 아주 신성하고 아주 아름답게 보이게 하며, 그 것을 어느 때보다 강하게 사랑하고, 그것을 껴안고, 그것으로 나를 압도하게 하고 싶은 충동을 느끼게 한다. 내가 보고 있는 저 강(江) 이 더 이상 아름답게 보일 때가 없었다. 죽음 그리고 언제나 상존(尚 存)하는 죽음의 가능성은 사랑, 열정적인 사랑을 더 가능하게 한다. 만약 우리가 영원히 죽지 않을 것으로 안다면, 우리가 정말 열정적 으로 사랑할 수 없는 것이 아닌가, 정말 사랑의 황홀은 불가능한 것 이 아닌가 하는 생각이 든다."

가끔 영화에도 나오는 장면, 죽음의 가능성을 앞에 둔 전쟁 출정 전야 두 연인의 애절하고 열정적인 사랑의 장면으로써 능히 짐작이 가는 매슬로의 술회다.

어쩌면 우리가 흔히 가지고 있는 환상의 하나는 죽음의 의식 없이 제가 영원히 살 것처럼 행동하며 살고 있다는 것이다. 그러나 엄연한 사실은 삶, 생명은 언젠가는 죽음으로 운명 지어져 있다는 사실이다. 삶의 이면이 죽음이다. 가령, 내일 모레면 죽어서 이 세상을 다시 못 볼 것이라고 생각하면 눈앞에 보이는 만물만사, 저 하늘 저 구름, 저 나무, 바람에 흔들리는 나뭇잎들, 지나가는 사람들이 다 아름답고 반갑고 소중한 것으로 보일 것이다. 그럴 때 사람들의 마음과 행동이 선(善)해질까, 악(惡)해질까? 아무리 흉악범이라도 사형 전날에는 조용히 회개하며 선심으로 돌아간다고 한다.

그렇게 죽음을 의식하는 만큼 삶을 달관하는 순간도 경험할 수 있을 것이다. 그런 순간에만은 사람들은 모든 사람이 반갑고 소중하게 되고 원한이 있어도 누그러뜨리고 잘못이 있어도 용서하는 너그러운 마음도 생길 수 있다. '화무십일홍이요, 달도 차면 기우나니 아니 놀지는 못하리라.'는 노랫가락이 있다. 이 노래는 인생은 짧으니 실컷 먹고 마시고 놀자는 향락주의적인 방탕의 노래다. 인생은 짧다는 의식이지 죽음의 의식은 아니다. 죽음의 의식은 진정한 삶을 찾는 심각한 삶의 의식으로 이어지지, 그런 방탕의 의식으로 이어지지 않는다.

철학자 하이데거는 인간을 '죽음으로 가는 존재'라고 불렀다. 인간은 언젠가는 죽게 되어 있는 존재라는 뻔한 말이다. 그에게서 들을 만한 것은, '진정한 삶은 죽음을 의식하고 사는 삶이고, 그런 의식 없는 삶은 진정한 삶이 아니라는 말이다. 그는 그런 죽음의 의식은 인간에게만 있고, 동물에겐 위험을 피하는 본능은 있어도 죽음의 의식은 없다고 했다.

죽음 의식의 순간에서만은 삶이 뭔지, 왜 사는지, 어떻게 살아야 하는지를 진지하게 생각하게 된다. 자신의 삶도 반성하면서 삶의 '향로' 수정의 기회도 제공한다. 그런 죽음의 의식은 시인 윤동주의 「서시」에도 반영되어 있다. "죽는 날까지 하늘을 우러러/한 점 부끄럼 없기를/……/ 모든 죽어 가는 것을 사랑해야지/그리고 나한테 주어진 길을 가야겠다……."에서 '죽어 가는 것'이란 하이데거의 '죽음으로 가는 존재'와 같은 생각이다.

본래 사람들이 종교를 신봉하는 이유는 삶의 고뇌와 죽음의 두려움에서 해탈하는 길을 찾기 위함일 것이다. 그런데 모든 종교는 한편으로는 사후의 세계를 약속하고 또 한편으로는 '사랑'과 '자비' 등 선(善) 행위를 행할 것을 설득하고 설교하고 있다. 그렇게 종교가 죽음의 달관과 선 행위와 연계가 있다고 설교하고 있는 것은 '죽음을 의식하는 삶이 진정한 삶'이라고 한 하이데거의 생각과 일맥상통한다. 또한 죽음의 유예로 살아난 매슬로가 모든 것이 아주 소중하고 신성하고 그것을 사랑하고 그것을 껴안고 싶은 충동을 느끼게 한다는 경지와도 맥락을 같이 한다. 이런 생각은 우리도 가끔 죽음을 생각하는 것이 우리의 삶을 더 진지하게 한다는 것을 뜻하기도 한다.

스콧 니어링

   스콧 니어링(Scott Nearing)은 미국 어느 대학의 교수였고 동시에 열성적인 환경보호운동가였다. 대학을 은퇴하자 그 부부는 현대 문명을 멀리하고 어느 깊은 산 속에 들어가서 살았다. 그 대자연 속에서 밭을 갈고 농사를 짓고 사냥도 하면서 자급자족의 거의 원시적인 생활을 해 갔다. 환경운동가다운 생활이었다.

   그는 산 속에서 20여년을 살고 본래 건강도 좋았는지 100살이 되는 어느 날, 부인을 부르더니 뜬금없이 "여보, 이제는 가야겠소. 힘에 부쳐 농사도 못 짓겠고 사냥도 할 수 없어서 제 먹을 것도 챙기지 못하니 이젠 갈 때가 된 것 같소."라고 일렀다. 그날부터 끼니를 끊고 물만 마시면서 드러눕더니 한 달 남짓 지난 어느 날 조용히 세상을 떴다. "처음 며칠은 허기의 고통이 심하더니 한 주쯤 지나자 허기도 덜해지고, 그저 편안하게 점점 기력이 쇠약해지면서 어느 날 조용히 잠들 듯 갔어요. 나도 때가 되면 그렇게 갈 생각이에요."가 그의 부인의 말이었다.

내 나이쯤 되면 자주 죽음을 생각하게 된다. 언제 어떻게 죽을는지, 심하게 고통을 겪다가 죽을는지 편안히 죽을는지, 죽은 후에 가족은 어찌 되고 나라는 어찌 될지 등을 생각하게 된다. 나는 종교가 없는 탓인지 사후에 영혼의 세계가 있다는 말은 별로 믿지 않는다. 극락과 지옥, 천당과 연옥은 종교인들이 '권선징악'의 상징으로 지어낸 상상의 세계일 뿐이라는 생각이다. 도리어 나는 어쩌다 불교 『반야심경』의 '공(空)'·'무(無)'의 사상에 깊은 감회를 느꼈던 탓인지, 죽음은 그저 '없음' 속으로 사라지는 것이라고 본다. 옛날 어떤 절에서 '삶은 뜬구름이 생기는 것, 죽음은 그 뜬구름이 사라지는 것'일 뿐인데 공연히 사람들이 그것에 집착하고 있다는 시구가 내게 깊은 영향을 주었는지도 모른다.

하지만 어떻게 죽느냐는 관심사가 아닐 수 없다. 스콧 니어링의 죽음이 어쩐지 가장 '이상적'인 죽음의 방식이라는 생각이 든다. 그것은 아마도 모든 동물이 다쳤거나 병들었거나 늙어서 제 먹이를 챙기지 못할 때 죽어 가는 가장 자연적인 죽음의 모습일 것이다. 스콧의 경우도, 동물의 경우도 그것은 일종의 스스로 죽어 가는 '자체 고려장'인 셈이다.

옛날 고려장은 고구려에만 있었던 것이 아니라 다른 여러 민족집단에서도 있었다. 고려장 이야기를 처음 들었을 때엔 고대의 사람들이 미개하고 야만스러워서 그러는 줄만 알았는데, 가난에 찌들었던 그때엔 그럴 수밖에 없었던 이유도 있었다고 한다. 식량은 태부족인데 커야 할 아이들을 먹이기도 어려운 판에 일도 못하는 노인이 그것을 축내는 것도 서로 거북했을 것이고, 노인 수발을 들려면 일손도 빼앗기고, 더구나 유목 민족이 이동하려면 걷지도 못하는 노인은 무척 힘든 짐이 되었을 것이다. 그래서 눈물을 머금고 피차 떨어질 수밖에 없었다는 것이다.

헉슬리(Aldous Huxley)의 『멋진 신세계』는 사람들의 탄생에서부터 죽음까지 모든 생활을 철저하게 계획·통제하는 사회를 그린 가상 소설이다. 그중에는 사람들의 죽음까지 계획적으로 집행하는 대목이 있는데, 죽을 사람들은 죽음 얼마 전부터 '죽음이란 아주 즐거운 것'이라고 철저한 세뇌 교육을 받은 다음 마치 즐거운 여행이라도 떠나듯이 희희낙락 죽음의 집으로 들어간다는 이야기가 나온다. 고려장을 사회제도화한 셈이다.

전통적으로 오래 사는 '장수'를 복이라고 한다. 한국도 급속도로 고령화 사회로 치닫고 있다. 나도 아흔을 넘었으니 그 노령화의 두드러진 기여자다. 하지만 근자엔 '장수'가 정말 복인지, 도리어 가족에게도 나라에게도 그리고 자신에게도 극히 짐스러운 존재가 아닌지 의심스러워질 때가 많다. 가령, 여기저기가 병들어 불구자처럼 힘들게 살거나 돈마저 넉넉하지 않아 배고프고 을씨년스럽게 살아야 하고, 자식들과도 떨어져 친구도 없이 고독한 삶에, 치매처럼 정신마저 몽롱한 혼미 속을 헤매면서 장수한다면 그것이 과연 복인가? 근래 고령자들의 자살률이 급격히 늘고 있다는 것이 그렇지도 않다는 반증이 아닌가? 그렇다고 내가 망발스럽게 헉슬리의 죽음의 집을 제안할 생각은 아니다.

내가 아흔까지 살고 있는 데에는 현대 의학의 덕이 크다. 그 덕으로 젊었을 때 같지는 않지만, 그런대로 운신은 하고 있고, 연금 덕으로 궁하지도 않고, 아이들의 돌봄도 넉넉하고, 가까이 해 주는 친구도 많고, 이렇게 글도 계속 쓰고 있으니 나는 내 나이 노인 치고는 예외일 것만 같다. 그러나 나이가 나이니만큼 머지않을 죽음이 그리 너무 고통스럽지 않고, 추하지 않고 깨끗하게 요란 떨지 않고 조용하게 갈 수 있으면 하는 생각을 가끔 하게 되는 것은 어쩔 수 없다.

누군가 사람은 살아온 모습대로 죽어 간다고 말했다. 얌전히 살아 온 사람은 얌전히 죽어 가고, 소란스럽게 산 사람은 죽을 때 소란스럽게 죽는다는 말이다. 죽음의 모습이 그의 삶의 모습을 반영한다는 것이다. 그때 내 모습이 어떨까도 궁금하다.

고령화에 따라 노령학(gerontology)의 긴요성이 점점 절실해진다. 어찌 보면 고령화·장수화는 미래를 내다보는 현대사회의 제일 큰 문제일지도 모른다. 더구나 의학의 발달로 20, 30년 후에는 평균수명 100세, 120세도 될 수 있다는 전망에서는 더 그렇다. 노령자들이 어떻게 하면 사람답게 살아갈 수 있느냐가 중심 과제일 것이다. 그것은 아마 의학, 심리학, 사회학, 경제학, 정치학 나아가 교육학, 철학도 관계되는 다학문적 성격을 띠어야 할 것이다.

사망학(thanatology)이라는 학문도 있다. 마땅히 있음직한 학문이다. 죽음이 뭐고 죽음을 어떻게 맞이해야 하느냐가 주된 관심이다. 이 또한 종교, 철학, 윤리학에서 시작해서 심리학, 사회학 등을 거쳐 의학에까지 포함하는 다학문적 접근이 필요할 것이다.

두 학문 다 그리 명랑한 어감을 주는 학문은 아니다. 그래도 그것이 기계 문명, 경제적 풍요, 의학 발달이 장수가 복이라는 '착각'으로 노령화 사회를 만들어 내는 현대 문명의 피할 수 없는 과제일 것만 같다. 그런 연구와 그에 따른 대책에 따라 흔히 어둡기 쉬운 노년의 삶과 죽음의 전망에 어떤 밝은 등불이 환히 켜질 수 있으면 좋겠다.

붕어의 참변

　산 속의 작은 계곡에 흐르는 물줄기를 막아서 만든 자그마한 연못에 재미로 기르고 있는 붕어들이 꽤 많았다. 먹이를 던져 주면 작은 피라미만 한 것들이 모여들기도 하지만, 몇 년을 길렀더니 꽤 큰 20센티미터쯤 되는 놈들도 물 표면 가까이에 나타나서 유유히 돌아다니는 모양이 꽤 보기 좋았다.

　얼마 전에 그 산의 연못에 갔더니, 어떻게 왔는지 산 속에 나타나리라고는 꿈에도 생각할 수 없는 수달이라는 놈이 물속에서 튀어나오면서 인기척에 놀라 부지런히 도망갔다. 아마 산의 연못에서 500미터는 떨어져 있는 저수지에 있던 놈인 모양인데, 틀림없이 연못의 붕어를 포식했으려니 걱정되었다. 아니나 다를까 먹이를 뿌렸더니 피라미 같은 것들만 떠오르고, 좀 큰 붕어는 자취를 볼 수 없었다. 수달이라는 놈이 물속에서 마음대로 살생을 자행했던 것이다.

그런 짐작이 드니 갑자기 마음이 쓰리고, 수달이 살생의 참극을 자행하는 마귀처럼 여겨지면서 증오심마저 느꼈다. 먹이를 던져 주면 그것을 먹으려 유유히 떠돌아다니는 모습을 즐겼던 터에 아무리 미물이라도 정이 들어서였을지도 모른다. 그보다 더 마음을 쓰리게 한 것은 흐르는 강이나 넓은 호수 같으면 붕어들이 그래도 달아날 곳이라도 있었을 텐데, 좁은 연못에서 달아날 곳도 없이 몸부림치지도 못하고 잡혀 먹히는 참극이 눈에 선하면서, 그것이 연못에 그것들을 기른 내 죄인 것처럼 느껴졌기 때문이다. 정이 들어 내가 지나친 감상(感傷)에 빠져 있는 것일까?

따지고 보면 나에겐 그런 감상에 빠질 자격이 없다는 생각도 든다. 내 자신을 포함하는 인간이라는 존재 자체가 온갖 살생 참극의 주인공이기 때문이다. 그 수달은 먹고 살기 위해서 그 먼 데까지 와서 생존 경쟁의 살생을 범했을 뿐이다. 나도 살아남기 위해서 쇠고기, 돼지고기도 먹고 온갖 생선도 먹는다. 반찬으로 잔멸치 볶은 것이 나오면 한 젓가락으로 수십 마리 멸치의 생명을 앗아 먹는다. 내가 직접 살생하지 않고 남이 살생한 것을 사 먹는다고 해서 내가 살생에서 면죄되는 것은 아닐 것이다. 나도 그 살생의 공범자고 사주자임을 면할 수는 없다.

더구나 수달은 배가 고파서 살아남으려고 살생했지만, 인간처럼 돈 벌고 부자가 되려고, 심지어는 재미로 살생을 자행하지는 않는다. 그리고 보면 잡아먹힌 붕어를 안쓰러워하는 내 감상은 위선자의 감상일 뿐이고, 도리어 인간이야말로 가장 악랄한 살생의 마귀인 셈이다.

철학자 니체는 『비극의 탄생』이라는 저서에서, 그리스 신화를 빌어 다음과 같이 말한다.

마이다스 왕은 반수 반인의 마신인 현자 실레노스에게 물었다. 인간에게 가장 좋은 것이 무엇인가라고. 그 마신은 잘 대답을 하지 않다가 마침내 깨지는 목소리로 말했다. "불쌍한 하루살이 족속들이여, 듣지 않는 것이 좋을 텐데 왜 군이 들으려 하는가? 가장 좋은 것은 너희가 도저히 이룰 수 없는 일이니, 곧 태어나지 않는 일이요, 존재하지 않는 일이요, 무(無)라는 것이다. 그러나 너희에게 다음으로 좋은 것은 곧 죽는다는 것이다."

삶이란 근본적으로 비극이라는 니체의 사상은 여러 뜻을 함축한다. 그중의 하나는 애당초 생물이란 다 다른 생물을 살생해서 먹어야만 살 수 있는 존재라는 사실 자체가 삶의 비극이라는 한 뜻이라고 해석할 수 있다. 모든 동물은 모래나 쇠붙이 같은 무기물을 먹고 살 수는 없다. 반드시 살생을 벌여서 쌀, 고기 같은 유기물을 먹어야 살 수 있다. 따라서 죽이고 죽고, 먹고 먹히고 하는 비극이 일상사인 동물의 세계 자체가 비극이다.

왕자로 호사하게 살던 석가모니가 하루는 마당에서 기어 가는 지렁이를 새가 날아와서 쪼아 먹고 날아 가는 것을 보고, 살생하는 세계의 무자비함에 충격과 고뇌를 느껴 출가하여 득도의 길을 떠나게 되었다는 이야기를 들은 적이 있다. 그때 석가의 심정이 곧 앞의 니체의 심정이었을 것이다.

알베르트 슈바이처(Albert Schweitzer)는 탁월한 음악가이자 철학자, 신학자, 의학자의 배경을 버리고 만년에 선교사이자 의사로 아프리카의 한 빈촌에서 의료봉사로 생을 마쳤다. 그는 생명을 존중해야 한다는 '생명경외감'의 주장으로도 유명하다. 그러면서 병의 원인인 세균도 생명체인데, 사람을 살리려면 할 수 없이 의사인 자신은 세균과 살생전을 벌이고 있는 '세균의 살육자'일 수밖에 없음을 자탄했다고 한다.

인간도 살생을 하지 않고는 살아남지 못하는 비극적 존재라면, 그 고뇌를 덜 수 있는 길은 살생을 될 수 있는 대로 최소한으로 자제하는 길밖에 없어 보인다. 불가에서 육식을 금하고 채식을 권하는 데에는 그런 생각이 담겨 있는 것 같다. 그러나 식물도 물, 공기, 햇빛 등 무기물을 광합성 작용으로 '먹고' 살지만 그 자체는 생명체다. 동물이나 식물이나 생명체의 근원인 DNA를 구성하고 있는 것은 다 A, C, G, T로 약칭하는 같은 화학 물질이다. 그러고 보면 식물을 먹는 채식도 살생인 셈이다.

이런 생각은 내 연못에서 수달에게 잡아먹힌 붕어들만 안쓰러워 할 것이 아니라, 동물이건 식물이건 모든 생명체를 다 귀히 여기며 안쓰러워하고, 비극적이나마 자기 생존에 필요한 최소한의 살생만을 해야 한다는 교훈으로 낙착한다. 현대 물욕의 산업사회에서는 이런 교훈이 먹혀 들어가기 어렵다는 것도 비극이다. 근자에 점점 심각해지고 있는 환경오염과 생태계 파괴의 문제도 이런 교훈을 어느 정도까지 지키지 않는 한 그 해결의 방도가 달리 보이지 않는다. 이런 교훈은, 생태계를 보전할 수 있는 미래 사회의 생활은 결국 절간이나 수도원에서처럼 모든 것을 아끼고 절약하는 생활이어야 한다는 것을 암시하는 것 같다.

늙어도

　나이를 먹으면 기억력이 점점 감퇴된다는 것이 통설이다. 내 대학 시절에는 나보다 나이가 서너 살 많은 친구가 꽤 있었다. 학기말 시험 때만 되면 이 친구들은 '나이를 먹었더니 기억력이 떨어져서 강의 내용 외우기가 힘들다.'고 푸념하곤 했다. 나보다 겨우 서너 살밖에 많지 않은 스물여섯, 스물일곱인데 말이다. 매한가지 푸념을 내 삼십대엔 사십대한테 들었고, 내 오십대엔 육십대한테 들었다.

　나는 청년기나 중년기 그리고 지금 노년기에도 기억력 감퇴를 그다지 느끼지 않는다. 옛날에는 새로운 영어 단어를 만나면 사전을 찾아 한 번에 외우지는 못했지만, 두세 번이면 외웠다. 지금도 그렇다. 그런 말을 하면 사람들은 나를 예외의 '특종'이라고 한다.

　하지만 내가 '특종'일 수는 없다. 나도 여러 곳이 명백히 늙어 가고 있기 때문이다. 가벼운 감기나 배탈엔 가끔 걸렸지만, 큰 병원 신세를 별로 지지 않았던 나도 일흔에 들어서는 백내장, 전립선, 관절염 등 노인병을 비껴가지 못하고 병원 신세를 자주 지기 시작했다. 그래도 학구 생활, 사회생활, 운동 생활은 여든이 넘어서도 별 지장을 받지 않았다. 그러다가 완전히 늙은이 축에 들어선 것은 여든셋에 무릎과 허리 수술을 받은 후부터다. 그 때문에 긴 거리를 걷지도, 뛰지도 못하게 되어 자연 테니스, 골프, 스키 등 운동과는 절연 상태가 되고 사회생활에도 지장이 생긴다. 그러나 정신은 말짱해서 들어앉아 학구 생활은 계속하면서 지금까지 책을 서너 권 써낼 수 있었다. 몸은 늙어도 정신, 대뇌는 그리 늙지 않는다는 느낌이 든다.

잦은 병원 출입으로 허물없는 사이로 친하게 된 정형외과의 P교수에게 한 번은 농으로 "의사 선생님들 별 수 없네요. 내 이 무릎 하나 완전히 고쳐놓지 못하세요?"라고 했더니, 그는 "아무리 의사라도 중고품을 어떻게 신제품으로 만들어 놓을 수 있습니까?"라고 응수해 서로 웃은 적이 있다. 나도 이젠 어쩔 수 없이 낡은 중고품이다. 그래도 정신을 관장하는 대뇌마저 쉬 중고품이 된 것 같지는 않다.

근래 대뇌 신경생리학이 하루가 다르게 발전하고 있다. 약 40년 전까지도 인간의 대뇌는 생후 약 8년간 급속하게 성장하고, 뇌 속의 신경세포 수가 약 1천억 개에 이른 다음엔 성장을 멈춘다고 생각했다. 다만 생활 경험에 따라 세포들 사이를 잇는 전선 같은 '신경연접'만 들어갈 뿐이고, 성인기 이후엔 대뇌의 신경세포 수가 점점 줄어든다고 생각해 왔다.

그러나 30년 전쯤엔 사춘기에 다시 대뇌가 폭발적으로 발달하고 그 발달은 약 스물다섯까지 계속된다는 것이 밝혀졌다. 20년 전에는 성인기에도 신경세포가 한쪽에선 소멸하고 또 한쪽으로는 증식된다는 것이 밝혀졌다. 더 놀라운 것은 그런 소멸과 증식의 과정이 노년기, 아마도 죽을 때까지도 계속된다는 사실이 약 10년 전에 알려진 것이다. 기껏 증식해 놓은 신경세포를 적절한 신체와 정신운동에 쓰지 않으면 곧 소멸한다는 사실도 밝혀졌다.

어떤 학자가 다음과 같은 실험을 했다. 수명이 거의 다 된 늙은 흰쥐들을 모아 A, B, C 세 그룹으로 나누었다. 새로 생길 뇌세포를 식별하기 위해서 모든 쥐에게 기존의 뇌세포에 색을 표시하는 주사를 놓았다. 한 달 후에 A그룹의 쥐들의 뇌를 해부해 보았더니 새로 증식된 뇌 부분이 있었다. 다음 한 달을 B그룹은 아무 장난감도 자극도 없는 컴컴한 우리 속에서 할 일 없이 기르고, C그룹은 가지고 놀 수 있는 장난감도 많고 올라타서 뛰면 도는 뺑뺑이 바퀴도 있는 우리에서 부지런히 신체활동과 정신활동을 하게 하면서 길렀다. 그런 다음 쥐들의 뇌를 해부해 보았더니, B그룹 쥐들의 뇌에서는 기껏 새로 생겼던 뇌세포들이 신체·정신활동의 부족으로 다 소멸된 반면, C그룹 쥐들은 뇌세포 수도 더 늘고 연접의 수도 늘면서 새로 생긴 신경 부위가 더 커져 있었다.

늙어도 대뇌신경세포는 증식하는데, 그것을 쓰지 않으면 곧 소멸되어 버린다는 것이다. 이 실험 결과인 '용불용설'은 노인의 뇌의 경우에도 그대로 유추가 가능하다. 나 같은 구십 노인의 머릿속에서도 지금도 뇌세포는 계속 증식되고 있다. 다만, 어떤 이유로든 그것을 쓰지 않으면 소멸하고 말 뿐이다.

나는 한 가설로 이런 생각을 해 본다. 사람의 대뇌는 생존에 가장 중요한 기관이기 때문에 수태 후 태내에서 제일 먼저 크게 발달하고, 생후에도 가장 먼저 성숙하고, 성인기, 노인기를 지나 죽기 직전까지도 살아 있는 한 증식과 소멸을 계속한다는 생각이다.

문제는 노년기에 들어서 기억력과 정신적 활력이 쇠퇴하는 원인은 늙어 가면서 흔히 신체·정신활동이 감소해 가는 데 있다. 그런 활동의 쇠퇴는 신체 활력이 이삼십대보다는 줄어들기 때문이기도 하지만, '나는 이제 늙어서 안 돼!'라는 정신적 조로증(早老症)의 탓이고, 적절하고 가능한 운동마저 하지 않는 일종의 자포자기 탓이 크다고 나는 믿는다.

나는 얼마 전에 뼈가 얼마나 단단하냐를 재는 '골밀도'를 측정해 본 적이 있다. 그때 의사의 말이 "선생님 연세에 이렇게 뼈가 딴딴한 분은 처음입니다. 운동을 오래 많이 하셨군요."라고 했다. 또 다른 계제에 MRI로 대뇌도 촬영해 보았는데, 그때 의사의 말이 "선생님 연세에서는 대뇌 여기저기가 조금씩 줄어드는 것이 보통인데, 선생님처럼 대뇌가 이렇게 꽉 차 있는 분은 드뭅니다. 지금도 무척 머리를 많이 쓰시나 봅니다."라고 했다.

들기에 나쁘지 않았고, 이것저것 운동도 많이 했고, 책 읽고 글 쓰고 하느라고 머리를 많이 쓴 것이 사실이기도 했다. 적절한 신체운동이 신체뿐만 아니라 정신 활력도 유지해 준다는 것도 근래 여러 연구가 증명하는 사실이다. 약간 어려운 정신 작업, 예컨대 새로운 주제를 공부한다든지 또는 외국어 하나를 새로 배운다든지 하는 좀 어려운 정신 작업은 정신적 활력과 예기(銳氣)를 계속 유지해 준다는 것도 증거 있는 사실이다. 나도 지금 어쩌다 고단하다고 일체의 신체운동과 정신운동을 게을리하면 급속도로 치매 후보가 되어 갈 수도 있다. 늙어도 몸과 마음은 적정하게 '써야 한다.' 그러면 몸도 마음도 오래 활력을 유지한다.

죽을 땐 천당?

죽음에 관한 '재미있는' 두 연구가 있다. 하나는 불의의 사고로 죽는 돌연사의 경우고, 또 하나는 암과 같은 불치의 병으로 오래 앓다가 죽는 병사의 경우다.

한 심리학자가, 어떤 사고로 돌연사 직전까지 갔다가 요행히 살아남은 사람들 육십 명을 면접하고 그 사례를 분석했다. 예컨대, 물에 빠져 죽었다가 인공호흡으로 살아난 사례나 익사 직전에 구출된 사례, 또는 비행기에서 낙하산을 짊어지고 뛰어 내렸는데 낙하산이 펴지지 않아 곧바로 땅으로 떨어졌으나 요행히 나무 가지 위에 '잘' 걸려 살아난 사례, 또는 앞에 달려오는 차를 피하지 못하고 충돌했는데 다행히 중상만 입고 살아난 사례다. 그런 돌연사 직전의 경우, 아무리 짧은 순간이라도 '반격', '회고', '황홀'의 세 단계가 있다는 것이 그의 결론이다.

첫째, 익사의 경우 '반격의 단계'는 어떻게든지 살려고 온갖 힘을 다해서 위험에 반격하면서 힘껏 헤엄쳐 가는 단계다. 그야말로 죽을 힘을 다해서 위험에 도전하는 단계다. 그러다가 더 이상 힘 쓸 수 없게 힘이 거의 다 빠지면 다음 둘째 '생애 회고의 단계'에 든다. 이 단계에서는 지난 세월 여러 일의 장면들이 주마등처럼 뇌리를 스쳐간다. 부인 생각, 아이들 생각, 같이 놀러 갔던 공원 생각 등등 회상이 수십 장의 슬라이드처럼 빠른 속도로 머릿속을 지나간다.

그러다가 완전히 기진맥진하면 죽음을 향해 쓰윽 물속에 가라앉을 수밖에 없게 되는데, 그때 '황홀 단계'를 경험한다. 그때 기분은 무슨 LSD 같은 환각제를 먹은 것처럼 황홀하게 편안하고 마치 천당에라도 들어가는 것 같은 '행복감'을 느낀다. 아마도 어떤 고통도 고통으로 느끼지 못할 만큼 기진맥진한 상태이기 때문일 것이다.

앞의 연구 보고를 읽기 전의 일이다. 나는 마흔이었을 때, 제주도 남쪽 중문 앞 바다에서 파도가 세던 날 수영하다가 앞 세 단계를 다 경험했다. 파도를 그만 타고 뭍으로 돌아가려는데 해류가 보통이 아니었다. 힘껏 헤엄치면서 세 번 서 봤는데, 전혀 발이 땅에 닿지 않았다. 다시 솟아올라 헤엄치는데, 머릿속에서 아내 생각, 아이들 생각, 쓰고 있던 원고 생각 등 수십 개의 생각이 스쳐갔다. 마지막엔 힘이 다 빠져서 쓱 물속으로 가라앉는데 뜻밖에도 그렇게 기분이 편안할 수가 없었다. '죽는다는 게 이렇게 황홀한 것인가.' 하는 생각까지 들었다. 그렇게 황홀하게 가라앉는데 돌연 발에 땅이 닿았다! 갑자기 정신이 번쩍 나서 파도에 밀리면서 허겁지겁 비틀비틀 걸어 나와 모래사장에 쓰러진 채 기진맥진 꼼짝도 하지 못하고 30분을 보냈다. 그러면서 좀 전에 천당에나 들어가듯 황홀했던 시간이 다시 생각났다.

또 하나의 연구는 암처럼 불치병 환자들을 관찰, 면담한 경우다. 그 연구자는 이런 환자들은 다섯 단계를 거친다고 결론지었다.

첫째는 '난 아니다!' 단계다. '부정'의 단계다. 암이라는 선고를 받으면 우선 "난 아니다. 내가 암에 걸릴 리가 있나! 이렇게 여기저기가 멀쩡한데. 의사의 오진일 거다."라는 반응이 나온다. 둘째는 그러다 병 증세가 악화되고 있다는 것을 자각하게 되면, "왜 하필 나냐!"라는 단계, '원통'의 단계. "그 나쁜 놈들 다 놓아 두고 왜 하필 내게 암이 들러붙었느냐! 암에 걸릴 만큼 고약한 일을 한 적도 없는데!"라는 억울함에 사무친다. 셋째는 '그렇다 치자. 그러나' 단계, 즉 "고약한 병이지만 그러나 어디 치료 방법이 있을 것 아니냐."라는 '수색'의 단계다. 양약도 먹어 보고, 한방도 써 보고, 민간요법도 찾고, 입원도 하는 등 백방으로 치료 방법을 찾는 단계다. 넷째, 그래도 병세가 악화해 가면 '……' 단계, 즉 아무 말을 하지도 않고 듣기도 싫어하는 '우울'의 단계에 든다. 이때엔 세상만사가 귀찮고 병문안 오는 사람도 싫고 치료 받기도 싫은 우울증에 빠진다. 마지막 다섯째, 말기가 되어 죽기 전 죽음을 의식하면 '이젠 간다'라는 '체관' 내지 달관에 이르게 되고, 죽기 직전 잠시나마 마음의 평정을 찾는다. 그래서 고통으로 일그러졌던 얼굴이 편안하게 퍼지기도 하고, 때로는 미소를 머금으며 숨을 거둘 경우도 있다. 병사의 경우에도 죽음 직전엔 마음의 평정과 평화를 찾는다는 말이다. 혹 돌연사의 경우처럼 어떤 황홀의 순간이 있는지도 모른다.

두 경우 다 마지막 '황홀' 또는 '체관'의 단계는 어떻게든 살려고 사력을 다한 기진맥진 상태에서 고통마저 느끼지 못하는 무감각 상태가 빚는 일종의 정신적 환각일 수도 있다. 하지만 죽음의 순간에는 잠시나마 천당에 드는 듯한 마음의 평정 내지 황홀에 젖는다는 것은 죽음의 공포를 조금은 덜어 줄 수도 있을 것 같다. 굳이 따지면 죽음의 연구는 죽는 순간에는 모든 사람은 황홀한 천당에 든다고 강변할 수도 있다. 따라서 모든 사람은 죽음의 순간에는 행복하다는 말도 가능할 것 같다. 물론 그렇다고 죽음의 두려움을 불식할 수는 없겠지만.

많은 사람에게 죽음의 두려움에는 사후의 세상에 대한 걱정이 있다. 하지만 나는 극락과 연옥, 천당과 지옥의 사후 세계가 있다는 것은 그리 믿지 않는다. 도리어 대승불교의 『반야심경』에 있는 '공(空)'의 사상에 공감하면서, 죽으면 그저 공·무(無)로 돌아간다고 생각한다. 죽음의 '공'이라는 사상을 예증한 분으로 몇 년 전 입적한 법정(法頂) 스님이 생각난다. 그 분은 사후에 자기의 모든 소유물은 없애고, 특히 꽤 많은 부수가 팔리던 저서 『무소유』도 절판하라는 유언을 남겼다. 뜬구름이 생기듯이 태어났다가 뜬구름이 사라지듯 흔적도 없이 깨끗이 사라지는 것이 사람이라는 것을 몸소 실천한 듯한 그의 처신이 어쩐지 대승불교 교리의 시범으로 느껴졌다. '이름을 길이 후세에 남긴다.'는 욕심이 처세훈인 사바세계에서 청량제 같은 신선함을 느끼게 한 처신이었다.

6. 오늘, 내일, 모레

학문: 쓸모와 즐거움

고대 중국에서 주(周)나라가 쇠망하고 나서 진(秦)이 중국을 통일할 때까지 약 250년간은 이른바 춘추전국시대였다. 처음엔 전국의 100여 개 나라들이 서로 패권을 다투다가 그 후기에는 조, 한, 위, 제, 연, 진, 초 등 일곱 나라가 각축을 벌인 기나긴 전쟁과 혼란의 시대였다.

이런 혼란의 시대에 각 나라의 군주들은 어떻게 하면 나라를 융성한 강국으로 만드느냐에 부심할 수밖에 없었고 그럴 수 있는 지혜와 인재를 찾게 되었다. 그에 따라 나라를 강성하게 하는 방법을 논하는 여러 '학자'가 제각기 이를 실현할 수 있는 이론과 사상을 주장하게 되었고, 그에 따라 옛 희랍의 여러 철학자들 못지않게 수많은 사상가가 출현한 제자백가(諸子百家)시대를 이루기도 했다. '제자'는 여러 학자, '백가'는 그들의 학당 내지 학파를 뜻한다. 공자, 맹자, 노자, 장자, 관자, 한비자, 묵자, 순자, 양자, 손자 등은 그 일부다. 다 알다시피 공자는 나라는 인과 덕으로 다스려야 한다고 주장했고, 관자, 한비자는 법으로 엄격히 다스려야 한다고 주장한 것이 그 예다.

이들 그리고 그 제자들도 여러 군주를 찾아다니며, 자신의 국가강경론을 설득하고, 그 나라의 중요한 직책을 얻는 것이 목적이었다. 공자도 그런 직책을 찾아 여러 나라를 돌아다닌 경험이 있다. 좋게 말하면 자신의 '치국평천하'의 이상을 펴보려는 것이고, 언짢게 말하면 관직으로 출세해서 녹을 먹고 살려는 것이었다. 이렇듯 중국의 학문과 사상은 '치국평천하'라는 실제적 필요, 그 필요를 충족해 주는 학문의 실용적인 쓸모를 위해 발달한 사상이다. 다만 '춘추' 이전의 '주역'만은 좀 예외로 보인다. 그러나 주역도 '점을 치기' 위한 실용서이기도 했다.

이에 비해서 서양에서 학문의 발상지로 여겨지고 있는 희랍에서는 학문의 동기가 어떤 실용적 쓸모가 아니라 그저 순전한 호기심이었다는 인상을 짙게 받는다. 탈레스가 우주의 궁극적인 근원은 '물'이라고 사유하다가 도랑에 빠졌다는 이야기, 데모크리토스가 만물은 결국 '원자'라는 미립자로 이루어졌다고 한 이야기, 헤라클레이토스가 '만물은 유전하다.'고 한 이야기 등은 어떤 실용이나 쓸모를 염두에 둔 궁리가 아니라 그저 이 세계가 궁극적으로 어떻게 생겼느냐가 궁금했던 호기심의 발단이었다. 후기에 소크라테스, 플라톤, 아리스토텔레스에 이르러서는 국가 경영이나 정치에 관한 궁리도 있었으나, 주류는 역시 호기심에 의한 우주 탐색이었다. 그리고 고대 희랍의 이런 철학자 중에 어떤 관직에 있었다는 예는 별로 듣지 못했다.

고대 희랍에서는 모든 학문을 다 '철학(philosophy)'이라고 불렀다. 과학도 '자연철학'이라고 했다. Philo-sophy는 알다시피 애-지(愛知), 즉 앎을 사랑한다, 즐긴다는 뜻이다. 앎, 학문은 쓸모와 실용성이 있기 전에 우선 앎의 즐거움이 있다는 뜻이 담겨 있다. 고대 희랍에서는 진·선·미의 구분이 그리 없었다. 진리건 선행이건 아름다움이건 '우리 마음에 즐거움과 경탄스러움을 주는' 것은 다 '칼로스' 아름답다라고 통칭했다. 놀랍고 즐거움의 발견이 곧 '애지'였고 학문이었다.

물론 학문이 발견하는 진리는 쓸모나 실용성이 있어서 우리 삶의 필요에 유용하다. 그러나 그 쓸모는 이차적인 문제고, 일차적으로 학문은 즐거움이고 놀라움이라는 것이 고대 희랍 철학의 전통이다.

지금 우리 사회에선 옛 중국의 학문관을 짙게 이어받아서 그런지 학문은 '치국평천하'를 위한 출세의 수단으로 여기는 풍조가 지나치게 짙다는 관찰을 금할 수가 없다. 초·중등학교는 출세의 관문인 일류대학 입시를 위한 준비교육으로 전락해 있고, 배움은 즐거움이 아니라 고통이라는 것이 대부분 학생의 관념이다. 그런 공부는 공부의 필요가 없어지면 아예 중단해 버리고, 일생을 통해 공부 안 하는 것이 도리어 즐거움이라는 관념마저 심어 놓을 수 있다.

대선 때만 되면, 여야 진영에 대학교수들이 문전성시를 이룬다고 한다. 고대 중국에서 제자백가의 문하생들이 '치국평천하'하려 관직을 찾아 이 군주 저 군주의 문전을 기웃거리는 모습과 별반 다르지 않다. 대학교수들이 장관직 천거를 받으면 십중팔구는 기꺼이 학문의 길은 버린다. 이런 풍토에서는 학문의 축적적인 발전도 어려우려

니와 정작 창의적인 진리 발견의 여건도 조성되지 않는다.

진리는 순진무구한 호기심 때문에 진리를 찾는 사람의 눈에 더 잘 보이고, 실용의 필요에서 진리를 찾는 사람은 급한 마음에 그럴 듯해 보이는 오류를 진리로 오인하고 덥석 집어버릴 가능성이 크기 때문이다. 물에 빠진 사람이 급해서 눈앞의 지푸라기를 잡고, 좀 멀리에서 내려오는 통나무는 보지 못하는 격이다.

한국에는 물론 여러 학문이 발전해 가야 한다. 경제 발전, 국가 발전을 위해서도 그렇고 세계적인 학문의 발전을 위해서도 그렇다. 그러려면 우선 고대 중국의 유습을 짙게 받은 학문 실용관, 출세 학문관부터 지양해야 한다.

우선 배움과 앎은 그 자체가 즐거움이라는 경험을 어릴 때부터 만끽할 수 있는 교육이 요망된다. 인간의 아이들은 실은 호기심의 화신이다. 진리를 알아내는 '유레카!'의 즐거움은 아르키메데스나 뉴턴 같은 대학자의 전유물만은 아니다. 어린아이에게도 있다. 어린아이에겐 만사가 궁금하다. 여타 동물에 비해서 유난히 큰 아이들의 대뇌는 만족시켜 주어야 할 무진장의 호기심이 담겨 있는 기관이다. 아이들은 앎의 즐거움을 안다. 새로운 사실이나 원리를 알아내면 눈이 휘둥그레지면서 희색이 만연이 된다. 그 호기심을 억누르지 말고 그대로 만족시켜 주면 아이들은 앎의 즐거움을 더욱 찾아간다. 이 점에서는 아이들의 자연을 그대로 신장하게 해 주는 것이 최상의 교육 방법이라고 한 루소의 말은 옳다.

무심 · 잡념 · 유심

나는 서울과 춘천 사이의 경춘가도를 자주 왕래한다. 굽이굽이 흐르는 북한강을 끼고 가는 경춘가도는 실은 아주 절경인 곳이 많다. 그러나 왕래하는 시간의 대부분을 나는 그 절경을 보면서도 실은 '보지 않고' 지나간다. 눈은 밖을 보고 있지만, 마음속은 어제 있었던 일, 오늘 해야 할 일, 내일 해야 할 일이 주마등처럼 돌아가는 여러 잡념(雜念) 때문에 그 절경을 보지 않거나 보지 못하고 지나간다.

장마가 개인 어느 여름날 아침, 가평을 지나 춘성교를 지날 때, 펼쳐져 있는 산수의 풍경이 언젠가 스위스에서 본 산하의 절경보다 훨씬 아름답다는 감동에 문득 사로잡혔다. 먼 데 엷은 자하(紫霞)의 연봉들, 가까운 곳의 짙은 청록색 연봉들, 푸른 하늘에 흰 구름, 아침 햇살을 받아 반짝이며 흐르는 강물 등의 아름다움을 왜 지금까지 내가 깊이 깨닫지 못했을까 하는 가벼운 자괴심마저 들었다.

문제는 그 절경을 절경으로 '보지 못하게' 하는 잡념에 있다. 아마도 그런 잡념 없이 순전히 관광을 목적으로 한국을 찾아온 외국인에게는 경춘가도는 뛰어난 절경으로 비칠 것이다. 내가 스위스의 산 풍경을 절경으로 느낀 것도 다른 실무에 관한 잡념 없이 '무심(無心)히' 그저 좋은 경치 자체만을 찾아 나선 관광객이었기 때문이었을 것이다.

무심·허심(虛心), 마음이 비어 있는 상태에만 아름다움은 아름다움으로 비치는 것인지도 모른다. 대개 잡념은 어떤 필요나 욕심 때문에 마음을 사로잡는다. 입학시험을 보러 가는 학생에게, 또는 사업에 골몰한 사람에게 주위의 절경이 '보일'리 없다. 이러고 보면 무심·허심은 무욕(無慾)과 통하는 말이다. 가령, 여기에 멋지게 자란 큰 소나무가 있다고 하자. 그것을 보고 '히야! 참 멋진 소나무다!'라고 그저 감탄하는 마음은 무심·허심·무욕의 소치다. 그러나 그것을 보고 '참 멋진 소나무! 그림으로 잘 그려서 미술전에 출품해야지.' 하면 거기엔 벌써 잡념과 욕심이 끼인다. 더구나 '좋은 소나무! 저것을 잘라서 재목으로 써야지.' 하면 그것은 아름다움이 아닌 돈벌이의 욕심이다.

우리에겐 가끔은 실무나 욕심의 추구에서 잠시 벗어나서 마음을 비우고 쉬고 멀거니 '무심'의 상태를 즐기는 시간을 가질 필요가 있다. 그럴 때 비로소 우리는 모든 사물이나 상황의 본연의 모습을 있는 그대로 파악할 수 있기 때문이다. 우리에겐 지난날 경제 발전이라는 욕망의 여파로 다람쥐 쳇바퀴 돌 듯 쉴 새 없는 일하는 관성이 너무 그대로 남아 있는지도 모른다. 도리어 한층 더 발전을 이룩하려면 이제 가끔은 마음을 쉬고 비우는 여유를 가지는 것이 가야 할 앞길의 참된 모습을 더 잘 비추어 줄 수 있을 것이다.

한국에서는 지금 '창의력'을 희구하는 목소리가 높다. 선진국을 꿈꾸는 한국으로서는 당연한 희구다. 그러나 쳇바퀴 돌 듯 바쁘게만 지내는 동안에는 창의력이 솟아날 겨를이 없다. 가끔은 쉬고, 마음을 비우고, 늘어져 쉬는 무심의 시간에 창의적 아이디어가 번개처럼 돌출한다는 것이 창의력 출현의 역사다. 유명한 아르키메데스의 부력 발견, 뉴턴의 만유인력 발견이 대표적인 예다. 무심·허심 속에 사물의 진여(眞如)가 보다 쉽게 비친다.

불교의 좌선(坐禪)은 앉아서 조용히 명상(瞑想)함으로써 잡념을 끊는 무아·무심의 '선정(禪定)'의 삼매경에 이르려는 수양의 방법이다. 좌선에서는 초보자에겐 도리어 어떤 한 일에 마음을 집중함으로써 여타의 잡념을 못 일게 하는 방법을 취한다. 예컨대, 호흡할 때 코, 목, 가슴의 느낌에만 마음을 유심(有心)히 집중하게 한다. 또는 밥 먹을 때 음식의 촉각, 맛, 향기, 혀 놀림에만 유심히 정신을 집중하게 한다. 그러려고 작정하고 시작해도 처음에는 마음이 여러 다른 일에 흔들리기 마련이다. 처음에 5분, 10분은커녕 1, 2분도 마음이 흔들리지 않고 그 일에 집중하기 어렵다. 그러나 계속 수양하면 그 '유심의 무심' 시간이 길어진다. 나아가 이른바 '화두(話頭)'를 정하고 그것에 이모저모로 생각을 집중하는 명상도 있다. 예컨대, 해, 달, 우주, 행복, 죽음 등을 화두로 삼는다. 앞서 예로 든 호흡, 밥 먹기도 그런 화두다. 수양이 높은 고승은 그런 화두 없이도 앉아서 눈 감으면 곧바로 무심의 선정에 든다고 한다.

지극한 유심이 무심·무아지경으로 통할 수 있다는 것은 연주에 열중하고 있는 피아니스트, 밤늦게 실험에 몰두하고 있는 학자, 경기에 열중하고 있는 스포츠 선수의 경우로도 능히 짐작할 수 있다. 누군가 서양의 스포츠는 동양의 좌선과 비등하다고 했다. 이해가 가는 말이다. 테니스를 치느라고 전후좌우로 공을 따라가서 멋지게 받아넘기기에 전심전력하는 동안에는 삶의 다른 걱정이나 시름은 다 잊는다.

쉴 새 없이 다람쥐 쳇바퀴 돌 듯 살아가는 미국 사회에서 벌써 이삼십 년 전부터 불교의 좌선과 명상이 정신건강을 회복해 준다는 점에 관심이 많아졌다. 더구나 사람들이 텔레비전, 인터넷, 스마트폰 등으로 마음의 평정을 잃게 하는 과잉 정보에 시달리면서, 근래에 명상이 대뇌 신경의 기능과 구조에 이로운 변화를 가져온다는 신경생리적 연구가 활발해졌다. 이에 따라 '명상 교습소'가 전국에 수천 개로 늘어 가고 있다고 한다. 마음 비우기, 무심·무아의 시간을 가지기가 그렇게도 어려워졌다는 말이다. 가끔 야외에 나가 잠깐 온갖 시름을 털어 버리고 대자연을 '무심코 유심히' 들여다보면, 문득 경춘가도의 아름다움에 잠길 때처럼 그 아름다움에 쉬 무아지경에 들 수 있는 것을……

뿌 리

1970년대 후반쯤인가 미국의 알렉스 헤일리(Alex Haley)가 쓴 『뿌리』가 큰 반향을 일으킨 적이 있다. 미국에 흑인 노예로 끌려온 자신의 처음 조상이 누구인가를 찾아가는 이야기다. 그 조상이 서부 아프리카 해안에서 강을 거슬러 올라간 어떤 마을에서 태어난 쿤타킨테였음을 알아냈고, 쿤타킨테의 아버지가 오모로킨데, 어머니는 비타였음도 알아냈다. 그의 행복했던 어린 시절에 노예로 붙잡혀 미국에 팔려가서 온갖 고난을 겪는 이야기가 줄거리였다. 영화로 제작되기도 한 소설이다.

아마도 저자의 본 의도는 흑인 노예의 참상을 드러내는 것이었을 텐데, 그 부산물로 '인간에게는 그렇게 자신의 뿌리를 알아내려는 욕구가 있다.'는 요란한 세론을 일으켰다. 기껏해야 할아버지, 할머니나 증조부, 증조모까지만 알고 있는 서양 사회에는 그것이 한 충격일 수도 있었을 것이다.

그때 내 반응은 '기껏 3, 4, 5대를 찾아낸 것이 뭐 그리 대수냐, 우리 집 족보에는 30대 할아버지까지, 좀 흐릿하지만 신라 때 시조인 62대 할아버지 이름까지도 밝혀져 있는데!'라는 생각이었다 우리 집에는 한 백 년 전에 한지에 목판으로 인쇄된 고색창연한 족보도 있고, 한 십여 년 전에 내가 속하는 파의 동래 정씨 종중에서 현대판 인쇄로 된 여섯 권의 족보도 있다. 하지만 '이런 족보가 과연 현대사회에 어떤 필요, 어떤 가치가 있을까?'에 관해서 몇 가지 의문을 제기할 수는 있다.

옛날엔 족보가 상민과 구별되는 여러 특권을 지닌 양반의 증표였고, 따라서 여러 폐단을 지닌 반상제도를 영속화하는 힘을 가지고 있었다. 한 통계에 의하면 숙종 16년(1670)에서 철종 9년(1858)까지 약 80년 사이에 대구시의 양반 수가 약 9%에서 70%로 급증했고, 생산 인구인 상민 이하의 수는 90%에서 30%로 급감했다. 상민들은 병역과 생산의 의무가 없는 양반이 되려 했고, 궁한 양반들은 호구지책으로 족보를 매매했기 때문이다. 애당초 반상제도 자체도 문제지만, 이것이 국방과 경제에 미친 폐해가 컸을 것은 뻔하다.

족보를 따지는 것이 조선 사색당쟁과 연관이 있었을 것이라는 생각도 하게 된다. 노론, 소론, 남인, 북인의 사색당파가 개인의 취향에 따라 결정되기보다는 성씨의 관향에 따라 갈라졌기 때문이다. 한 인물이 노론이면 그의 관향 성씨 모두가 노론 취급을 받고 노론으로 뭉쳤다.

족보에는 조상의 업적으로 주로 판서, 좌·우·영의정 등 관직의

벼슬이 적혀 있다. 관직 출세가 인생의 목표라는 암묵적 가치관을 은연중 자손에게 심어 주었다. 혹 이것이 과거(科擧) 시험이 대학입시로 둔갑하고 아직도 관변출세 지향이 강한 대학 학과에 이른바 수재들이 몰리고, 신문에도 누가 어떤 관직에 오르느냐가 뉴스와 가십난에 요란하며, 온 사회가 관변출세를 두고 소용돌이치고 있는 원인이 아닐까?

이런 폐해를 감안하면, 근대사의 격랑 속에서 옛날 반상제도가 흔적도 없이 사라진 현대 한국에서는 족보 따위는 태워 없애야 마땅하다는 생각이 들기도 한다. 그러나 헤일리의『뿌리』를 계기로 도리어 서양 사회에서 뿌리 찾기가 개인의 건전한 자아정체성 형성에 중요하다는 생각이 싹트고 있다는 것을 어떻게 이해해야 할까?

우리는 학교에서 국사를 배운다. 국사는 우리의 뿌리를 찾아 거슬러 올라가는 족보와 비슷하다. 그 역사 속에서 우리는 우리나라의 얼을 배우고 조상의 지혜와 사상을 파악하고, 그것으로써 정체성 함양의 자양으로 삼는다. 그런 역사의 뿌리를 인식함이 없으면 '나'라는 존재가 누구인지, 어디에서 와서 어디로 가야 하는지를 밝힐 수 있는 정체성이 희박해지고, 뿌리 없이 떠도는 부초(浮草)처럼 주체성 없이 표류하는 정신적 집시로 살아갈 수밖에 없을 것이다. 그래서 모든 나라는 그들의 역사를 공부한다. 그것은 근본적으로 뿌리 찾기다.

족보는 누가 시조고, 그의 아들들 또 그들의 아들들이 누구인지를 대대로 밝히고, 그들의 생일·기일, 배우자, 그들 생시의 업적, 주로 관직 등을 간단히 기록한 것이다. '간단히'라고 했지만 대대로 기하급수적으로 자손이 늘기 때문에 방대한 서책이 된다.

하지만 족보에는 으레 가승(家乘)이라는 서책이 따른다. 가승은 이름난 조상의 사적(事績), 특이한 언행·업적·일화·교훈 등을 엮어 말하자면 집안의 정사(正史), 야사(野史)를 집대성한 서책이다. 족보의 부분은 무미건조하지만, 가승은 읽기도 재미있고, 배우는 바 느끼는 바도 많다. 나의 조상에 이런 훌륭한 분도 있었구나 하는 자부심과 자긍심은 경건한 근신감도 일깨워 준다. 옛날 족보나 가승은 다 한문으로 되어 있어 요새 젊은이는 읽기 어려우나, 많은 종친회가 그것을 한글로 번역해 놓고 있다.

족보를 하찮은 양반 자랑으로 여기는 것은 완전히 시대착오다. 그러나 각기 집안의 역사를 담은 가승과 같은 것은 작건 방대하건 집집마다 기록하고 가지고 있는 것이 자손에게 큰 도움이 되리라 생각한다. 민족 국가에도 역사가 있고, 한 집안에도 역사가 있다. 뿌리를 아는 것이 자아정체성 형성에 긴요하다면, 나라 역사도 집안 역사도 다 긴요하다는 말도 된다.

영어

한 대학의 경영학과에서 한국인 교수가 영어로 경영학 강의를 하고 있었다. 국제화된 세계에서 영어 능력의 향상을 위한 교육부 시책에 따른 수업이다. 그 교수는 한두 주 영어로 강의하다가 하루는 갑자기 영어를 멈추고 한국말로 "이거 답답해서 못 해 먹겠다! 오늘은 우리말로 강의하겠다."라고 푸념해서 교실에 폭소가 터졌다.

아무리 미국 유학 경험이 있는 교수라도 모국어가 아닌 영어로 강의하는 것은 답답하고 어설프고 불완전할 수밖에 없다. 게다가 학생들의 영어 청취력도 불완전하기 때문에 강의 내용 학습도 부실하고 영어 학습도 부실할 수밖에 없다. 별 효용 없는 교육 방법이다. 도리어 강의 내용은 우리말로 제대로 알아듣게 가르치고, 영어 실력은 따로 강력한 영어 교육 프로그램으로 길러 주는 것이 정도다.

초등학교에서부터 영어를 한 교과로 가르치는 시책에도 나는 반대다. 물론 언어는 어릴 때 배우는 것이 효과적이다. 단, 그 언어는 많은 시간 '생활'을 통해서 배워야지, '교실'에서 일주일에 몇 시간 배운다고 영어 실력이 길러지지는 않는다. 게다가 그 많이 필요한 영어 교사의 자질도 미심쩍다. 초등학교에서의 영어 교육은 아무 효용 없는, 망각을 위한 거대한 낭비다.

언어 학습엔 몇 가지 원칙이 있다.

첫째, 물론 언어는 어려서 배울수록 효과적이다. 그러나 아이가 집에서 엄마, 아빠와 같이 많은 시간을 지내듯이 생활의 거의 모든 시간 또는 많은 시간을 그 언어를 사용하면서 배워야 실 있게 배운다. 생활은 한국말로 하고 '영어 시간'에만 찔끔찔끔 영어를 배운다고 영어가 실 있게 배워지지는 않는다. 아이들의 언어 학습 능력은 무척 강하다. 충분히 긴 시간의 생활에서 배운다면, 아이들은 두세 가지 언어도 동시에 능통하게 배울 수 있다.

내 연배의 한국 사람은 한국어와 일본어에 다 능숙했다. 집과 거리에서는 한국말로 생활하고 학교에서 진종일 일본말로 생활해야 했기 때문이다. 미국에서 엄마는 이탈리아 사람, 아빠는 독일 사람 사이에서 자라난 아이는 이탈리어, 독일어, 영어에 다 능숙해지는 경우도 있다. 그만큼 각기 많은 시간을 엄마, 아빠, 학교에서 각 언어로 생활했기 때문이다. 어려서 배운다 해도 '긴 생활'의 시간으로 배워야 하며, '짧은 교육'의 시간으로는 그 언어에 익숙해지지 않는다.

둘째, 한번 어느 정도 능숙해진 언어는 어떤 모양으로든 '가늘게'라도 계속 써야지, 전적으로 중단하면 곧 망각의 길에 들어선다. 나는 대학 시절 독일어와 불어를 사전을 찾아가며 그 언어의 소설을 읽을 수 있는 정도로 배웠다. 그러나 그 후 수십 년 독어와 불어와는 절연 상태였기 때문에 지금은 그 두 언어엔 까막눈이다. 더 희한한 것은 그렇게 일본 사람처럼 능숙했던 일본어가 해방 후엔 절연 상태에 있었기 때문에 읽기는 그런대로 하지만 어쩌다 일본말을 해야 할 때에 몹시 더듬거리는 것이다. 나 자신이 놀랄 정도다.

나는 4년간의 미국 유학 시절도 있었고 그 후 국제학술회의도 자주 참석했고, 여러 계제에 외국인과 영어로 응대해야 할 경우도 많았으나, 1980년대부터 지금까지 30여 년 동안 그럴 기회가 거의 없을 정도로 드물었다. 그래도 지금도 어쩌다 영어로 응대해야 할 경우에 그리 불편을 느끼지 않는다. 말할 기회는 없었어도, 영어 전문서적, 주·월간 잡지를 계속 읽어 왔기 때문이다. '가늘게' 읽기를 계속한 것이 말하기, 듣기의 유지에도 도움이 된 셈이다.

부모의 유학에 따라 어려서 미국에 갔거나 미국에서 태어난 아이는 부모를 따라 귀국했을 때 대개 영어가 능숙하다. 그러나 몇 년 지나면 거의 다 영어 능력이 쇠퇴한다. 다만, 미국에서 초등학교 1학년만이라도 다닌 아이들은 계속 영어 만화책이나 동화책을 읽고 있으면 영어의 듣기도 말하기도 그리 쇠퇴하지는 않는다. '가늘게'라도 영어를 생활화한 경우다.

셋째, 모국어에 익숙한 다음 중학교에서처럼 좀 나이가 들어서도 영어를 상당히 익숙하게 배울 수가 있다. 단, '강력한' 교육 방법, 학습 방법이 필요하다. 현재 대부분의 중·고등학교에서 하는 문법 중심, 강독 중심의 방법으로는 안 된다. 여기에 '강력한'이란 두 가지

조건을 뜻한다. 하나는, 재언컨대, 학습 방법을 될 수 있는 대로 '생활화'한다는 조건이고, 또 하나는 영어 학습 동기가 강해야 한다는 조건이다.

모든 언어 학습에선 말하기, 듣기가 먼저고, 읽기는 그다음이다. 더구나 문법은 다음의 다음이다. 생활 언어는 우선 말하기, 듣기이기 때문이다. 말하기, 듣기를 배운 후에 읽기는 쉽게 배우지만, 읽기를 배운다고 말하기, 듣기엔 별 도움이 되지 않는다. 나는 영어 학습에서 대본을 외우고 실연하는 영어 연극 또는 역할놀이, 영어 영화의 이해와 감상 같은 문자적이 아니라 생활적인 프로그램을 많이 도입하기를 제안한다.

나이가 들어서 다른 나라 언어를 배운다는 것은 답답한 경우가 많다. 외국어 학습엔 외워야 할 것도 많고, 익혀야 할 것도 많고, 실수하고 고쳐야 할 경우도 많다. 그런 좌절감을 극복하는 강한 동기가 필요하다. 나이 마흔에 미국에 이민 간 사람도 결국은 쓸만하게 영어를 익힌다. 살아가려면 배워야 한다는 절박한 동기 때문이다. 그런 동기가 없으면 아이들도 배우려 하지 않는다.

싫건 좋건 국제화된 세계에서 실질적으로 국제 공용어가 되어 버린 영어는 될 수 있는 대로 많은 사람이 능숙한 영어를 구사할 수 있는 것이 국력에도 도움이 될 것은 명백하다. 그렇다고 영어 교육을 학교와 학원에만 맡길 것이 아니라, 좀 규모가 큰 '국립외국어학원' 같은 기관을 설립해서 사회 각층이 초급·중급·고급의 영어 능력 수요를 충당하는 단·중·장기의 영어 교육과정을 운영할 것을 제안한다.

그저 좋아서

외국인을 자주 접하는 상가의 점원, 대도시의 운전기사에서부터 중소·대기업의 직원에서 외교관에 이르기까지 수요는 대단히 많을 것이다. 한국의 공교육비가 약 36조 원인데, 주로 학원에 유입되는 사교육비는 그 태반을 넘는 20조 원이고 그것의 약 절반인 10조 원이 영어 학원에 유입한다고 추산되고 있다. '국립외국어학원'은 시중의 학원보다는 더 '강력한' 교육 프로그램을 제공할 수 있을 것이다. '국립외국어학원'은 필요에 따라 중국어, 불어, 스페인어, 아랍어 과정도 포함할 수 있다.

국제화된 세계는 한편으로는 희한하지만, 다른 한편은 참 고달픈 세계다. 한국말만 잘하면 됐던 옛날은 사라지고, 영어를 위시한 여러 나라의 말을 알아 두어야 할 짐스러운 세상이기 때문이다.

오늘, 내일, 모레

중국은 바로 옆에 있는 대국이었고, 일찍이 문자를 발명해서 그 덕으로 축적되어 온 찬란했던 중국 문화가 역사적으로 한국 문화에 미친 갖가지 영향은 생각할수록 깊고 넓고 길다. 그중 하나가 한국 말에 끼친 중국어, 한자의 영향이다. 누군가의 계산에 의하면 한국어 사전에 실린 단어의 70%가 한자가 어원이라고 했다. 유럽 여러 나라의 언어에 라틴어가 어원인 단어가 많다고 하지만, 그것이 70%까지는 되지 않을 것 같다.

나는 얼마 전부터 한 질문이 머릿속에서 맴돌아서 여러 사람에게 물어보아도 그 답을 얻지 못했다. 그것은 어제, 오늘, 내일, 모레에서 어제, 오늘, 모레는 틀림없이 본래 한국어일 텐데, 내일(來日)만은 왜 중국말인 한자냐라는 질문이다. 어제, 오늘, 내일은 다 일상생활에 꼭 필요한 개념이기 때문에 그 옛 우리말이 틀림없이 있었을 텐데 어쩌다 '내일'만은 본래 한국말이 밀려나고 중국말이 끼어들었는가? 그 '내일'의 옛 우리말이 무엇인가가 궁금했다.

그 답을 드디어 전 한림대학교 국어국문학과 교수 전신재(全信宰) 선생에게 문의해서 얻었다. 그 분의 답신을 그대로 옮긴다.

중국 송(宋)나라 손목(孫穆)이 1103년(고려 숙종 3년)에 우리나라에 사신으로 다녀간 일이 있습니다. 그 사람이 『계림유사(鷄林類事)』라는 책을 지었습니다. 고려 시대의 우리말 단어를 한자로 표기해 놓은 책입니다. 이 책에 다음과 같은 항목이 있습니다.

昨日日訖載

今日日烏捺

來日日轄載

오늘날 우리나라 발음으로 '訖載'는 '흘재'이고, '烏捺'은 오날이고, '轄載'는 '할재'입니다. 그런데 고려 시대에는 송나라 사람들이 (혹은 고려 사람들이) 이를 어떻게 발음했는지는 알 수 없습니다. '訖載(흘재)' 가 '어제'이니 '轄載(할재)'는 '후제' 또는 '하제'로 읽어야 한다는 견해가 있습니다.

전 교수의 말대로 한다면 '어제, 오늘, 내일'은 '어제, 오늘, 하제'로 해야 한다는 얘기가 된다. 따라서 옛 말대로라면 '내일 만나자.'를 '하제 만나자.'라고 해야 한다는 말이다. 어쩐지 '내일'보다는 '하제'가 더 부드럽고 정답게 들린다.

질문이 또 하나 있었다. '동·서·남·북도 일상에 필수적인 개념이기에 그 옛 우리말이 틀림없이 있었을 텐데, 그것이 무엇이었느냐라는 질문이다. 동·서·남·북도 옛 우리말을 밀어제친 한자다. 나는 바다 뱃사람들이 동쪽에서 불어오는 바람을 '샛바람'이라고 한다는 것을 들은 적이 있었으나 더 이상은 몰랐다. 그래서 이것도 전 교수에게 문의했다. 다음은 그 분의 답신이다.

일제강점기 방종현 선생이 남쪽 가파도에서 방언을 조사할 때, 새(東), 하늬(西), 마(南), 높(北)이라는 말을 찾았다고 합니다. 샛바람(동풍), 하늬바람(서풍), 마파람(남풍), 높새바람(북동풍) 등의 바람 이름에서 그 흔적을 볼 수 있습니다.

사전을 찾아보니 '마파람', '하늬바람', '높새바람'이라는 단어가 있다. 내가 뱃사람이 아니라서 이제껏 몰랐던 모양이다. 하여튼 '동서남북'의 옛 우리말이 있었다. 그것이 어쩌다 한자에 밀려난 것이다. 아마도 한자 공부에만 열중했던 옛날 양반들이 '동·서·남·북'을 자주 쓰게 되었고, 한자 공부와는 거리가 먼 뱃사람 사이에서만 그 말이 살아남았을 것이다.

그렇다면 이제 '동쪽으로 가자.'를 '새로 가자.' 또는 '새쪽으로 가자.', '그 집은 서쪽에 있다.'는 '하늬 쪽에 있다.'로 할 수도 있을 것이다. 소설가 등 문필가들이 그렇게 쓰기 시작하면 그것이 점점 널리 전파될 수도 있지 않을까?

1945년 해방 직후 한글 전용을 강하게 주장하는 사람들을 비꼬면서 "그렇다면 '이화여자전문학교'를 '배꽃 계집아이 오로지 배우는 곳'이라고 하자는 거냐!"라고 빈정거리던 때가 있었다. 내가 내 이름 석 자도 본래 한자로 되어 있는 판에 꼭 '내일', '동서남북'을 우리말로 써야 한다는 국수주의를 주장하는 것은 아니다. 하지만 '내일' 대신 '하제'라는 우리말, '서쪽' 대신에 '하늬 쪽'이라는 말이 어쩐지 더 우리 정서에 흐뭇함을 주는 것은 부인할 수는 없다.

학자의 길

　나는 명색이 학자다. 내가 세상 그 많은 직업 진로 중에서 어쩌다 학자라는 길에 들어섰는지 가끔은 나 자신도 알다가도 모를 일이다. 그러나 곰곰 생각해 보면 그럴 수밖에 없었던 연유는 찾을 수 있다. 우리 집이 대대로 '선비' 집안이라고 어려서부터 어른들에게 귀가 닳도록 들어 왔고, 한 벽면에 가득 차게 아버지 서가에 책들이 즐비했던 일, 초·중등학교 시절 공부 잘한다고 자주 칭찬도 받은 일 등이 그 이유의 일부일 것이다. 무엇보다도 해방 후 대학을 졸업하고 미국 유학을 떠날 때, 모교 교수들이 "얼른 공부하고 돌아와서 모교 교수로 일하라."고 학문의 길을 '선약' 받았던 것이 아마도 결정적이었을 것이다.

　내 전공은 교육학이다. 그러나 초·중등학교 시절의 나의 꿈은 자연과학자가 되는 것이었다. 초등학교에서도 그때 선생님이 유난히 재미있게 가르쳐 주어서 그랬는지 '이과(자연)' 과목을 제일 좋아했다. 중등학교 시절인 경성사범학교 시절에도 장차 교사가 될 생각은 없었고, 과외활동으로 물리화학부에서 여러 실험에 많은 시간을 보냈고, 그때 벌써 상대성 이론이니 양자역학이니 '우주 대폭발 이론' 등에 관한 책을 탐독하기도 했다.

하지만 1945년 해방이 되자 생각이 바뀌었다. 당시 자연과학을 연구할 사회적 여건이 빈약하기도 했지만, 해방된 나라에 우선 급한 것이 긴 일제강점에 찌든 한국 국민의 심성을 활짝 개발하는 일이라는 생각이 들어 전공을 교육학으로 바꿨다. 거기엔 교사양성기관이었던 경성사범학교의 경험도 크게 작용했을 것이다.

교육학은 다학문적(多學問的) 성격이 강한 학문이다. 교육이라는 문제를 중심에 두고, 심리학은 물론 사회학, 문화인류학, 정치학, 행정학, 역사학, 철학 등 여러 학문을 섭렵해야 하는 학문이다. 따라서 나도 이 학문 저 학문을 기웃거리게 되었고, 그것이 또 재미있었다. 그래서 나는 내 자신을 가끔 '아카데믹 플레이보이', 학문의 난봉꾼이라고도 부르기도 했다.

학문과 교육은 표리 관계에 있다. 학자는 대개 학문하면서 교육하고, 교육하며 학문한다. 서울사범대학에 재직하면서 교육에 관련되는 여러 가지 실험과 조사연구도 했고, 교육 관련 서적이 귀한 시절이어서 급한 대로 몇 가지 서적도 저술했다. 학부 학생과 대학원 학생을 강의하는 시간도 즐거웠고, 교수와 학생이 같이 진행하는 공동 연구 작업의 시간도, 학생들과의 간담 시간도 퍽 즐겼다. 지금은 그때 제자들이 사회적으로 활약하는 것을 보는 것도 즐겁고, 거의 다 백발이 되었으면서도 가끔 나를 찾아 주고 문안도 해 주는 것 또한 즐겁다. 공자가 군자삼락(三樂), 군자의 세 가지 즐거움의 하나를 '천하의 영재를 얻어 교육하는 일'이라고 한 것을 실감한다.

나는 내 일생 학자의 길에 아무 후회가 없다. 가끔 만일 기업가나 정치가의 길 또는 문학자나 예술가의 길에 들어섰더라도 어느 정도는 활약할 수 있었으리라는 자신감이 들 때는 있었다. 하지만 내게는 학자의 길이 더 적격이었다고 스스로 만족하고 있다.

다만, 한 가지 못 이룬 꿈이 있다. 지금도 내 서가 어딘가에 꽂혀 있을 1950~1952년 유학 시절의 수기에 '내가 유학 후 귀국하면 나처럼 배우기 위해 이역만리 미국에까지 와서 공부하지 않아도 되는 한국의 학계, 교육계를 건설하리라.'라는 당찬 꿈을 적어 놓은 적이 있다. 나는 이 꿈을 이루지는 못했다. 아직도 모든 학문의 첨단을 섭렵하려면 미국 유학을 가는 것이 대세로 남아 있기 때문이다.

학문이란 혼자서는 대성할 수 없다. 학문적 업적이 축적된 역사적 배경도 필요하지만, 무엇보다도 '아카데믹 커뮤니티', 즉 학자들이 서로 어울리며 학문적 아이디어를 주거니 받거니 서로 허심탄회하게 비판도 하고 칭찬도 하고 제안도 하고 협의도 하는 공동체가 있어야 한다. 그저 친교하고 술잔이나 나누고 세상사의 한담이나 즐기는 관계만이 아니고, 학문적 논의가 거의 다반사가 되어 있는 공동체가 있어야 한다. 한국의 학계는 수많은 대학과 학회는 있어도 그렇게 허심탄회하게 의견을 나누고 서로 '절차탁마(切磋琢磨)'하는 공동체, '아카데믹 커뮤니티'는 그리 많지 않은 것이 학문 발전을 위해서는 큰 흠이다.

시카고 대학교 유학 시절, 대학원에서 강의는 오전 8시에 시작하고, 오전 10시부터 약 반 시간 커피숍이 열리고, 그 시간에 교수나 학생들이 커피를 마시면서 간담을 나누는 시간이 있었다. 한국의 대학 같으면, 그렇게 모이면 사회 문제, 정치 문제 등 세상 잡사가 화제로 등장할 텐데, 그들은 그렇지가 않았다. 제각기 자기의 연구 문제에 관해 의견을 구하는 질의응답이 그들의 간담 내용이었다. 거기에서 정치 등 세상사 화제를 꺼냈다가는 이단시되기가 십상일 것 같은 분위기였다. 커피숍에서도 '아카데믹 커뮤니티'가 형성되고 있었다.

한국의 대학과 학계에서도 그냥 즐기기 위한 친목 단체 같은 공동체가 아니라 학문적 추구와 교환이 자연스러운 습관처럼 열린 마음으로 이루어지는 크고 작은 '학구적 공동체'가 많아져야 할 것이다. 그것이 한국의 학문 발전에 제일 긴요한 관건일 것이다.

7. 몽골족

이스라엘이라는 나라

　중동의 이스라엘은 여러 가지로 참 희한한 나라다. 1967년엔가 인구 7백만밖에 안 되는 나라가 이집트를 비롯해 인구가 수억은 될 주변 아랍계 국가들과 이른바 '7일 전쟁'을 벌여 7일 만에 승리를 거두었고, 거의 사막에 가까운 불모의 땅을 농경지와 과수원으로 만들었다. 근자엔 창의적 벤처 기업들이 상장하는 미국 나스닥 주식시장에 미국 다음으로 세계 어느 나라보다 이스라엘 기업들이 가장 많이 상장하고 있다. 노벨상 수상자 중 아인슈타인을 비롯해 유대인 출신이 인구 비례에 걸맞지 않게 압도적으로 많다. 이렇게 특이한 민족, 국가가 된 원인이 무엇일까?

　나는 1960년대 미국 유학 시에 박사논문 연구 관계로 유대인 문화를 좀 알아볼 필요가 있어서 이 방면의 책 몇 권을 살펴본 적이 있다. 지금도 기억에 남아 있는 그때 받은 강한 인상 세 가지가 있다.

첫째, 이스라엘 사람들은 일상생활에서 주요 관심사가 일차적으로 민족과 국가고, 가족은 이차적이다. 즉, 삶의 '정신적 윤곽'이 가족보다 민족과 국가를 짙게 에워싸고 있다는 말이다. 이것은 한국을 포함해서, 나와 가족이 삶의 일차적 관심인 여느 나라의 문화와 현저하게 대조된다. 우리말로 하면 '효'의 의식보다 '충'의 의식이 훨씬 더 강하다. 이런 심리는 선민의식이 짙은 유대교 교리, 수천 년의 민족 수난의 역사, 아이들이 어릴 때부터 주로 집단적으로 생활하는 '키부츠'에서 많은 시간을 보내며 훈육되고 있는 전통에서 유래한다고 보는 견해가 많다.

'7일 전쟁'이 터졌다는 소식을 듣고, 일본에 유학 중인 아랍게 국가의 학생들은 연일 일본의 이스라엘 대사관 앞에서 데모로 소일했는데, 이스라엘 학생들은 아무 말 없이 곧 짐을 싸고 귀국했다. 싸우려 귀국한 것이다. 그 정신 상태의 차이가 이미 전쟁의 승패를 예언했다.

둘째, 이스라엘 문화에선 학문은 출세나 치부, 실용성 때문이 아니라 앎의 추구는 하느님이 인간에게 기대하는 사명이며, 앎은 그 자체로서 보람이라고 믿고 있다. 더 많이 안다는 것은 더 가까이 하느님의 나라에 근접하는 길이다. 유대교의 랍비는 기독교의 신부나 목사와 달리 종교적 직책보다는 교육 의무가 더 많은 학자에 가깝다.

그렇게 앎의 추구, 학문의 추구가 종교적으로도 큰 부축을 받고 있으니 노벨상 수상자가 양산되고 있는 것도 어쩌면 당연하다. 이런 신조에서는 공부나 지식이나 학구는 그 쓸모와 관계없이 그 자체가 가치고 희열이 된다. 학문을 출세나 치부, 실용의 쓸모로 추구하는 경우에는 쓸모없어 보이는 학문은 하지 않을 것이고, 출세하고 치부한 후에는 학문 추구와는 단절하게 된다. 그러나 그런 쓸모와 관계없이 앎의 추구 자체가 가치고 희열일 경우에는 학구는 중단을 모르고, 쓸모없이 보이는 학구도 탐구하게 될 것이다. 도리어 그런 순수한 동기에서의 학구가 경천동지할 대발견으로 이어진다. 뉴턴의 역학이 그것이고, 아인슈타인의 상대성 이론이 그 예다.

셋째는 이스라엘 문화의 철저한 인권평등 사상이다. 다음과 같은 이야기를 읽은 적이 있다. 이스라엘 사람들의 부락에서 어른들이 모여 부락의 일을 한참 상의하고 있는데, 옆에서 듣고 있던 열댓쯤 되는 소년이 갑자기 "나는 이렇게 생각합니다."라고 상의에 끼어들려 했다. 그러자 한 어른이 "어린 게 뭘 안다고 끼어드느냐."고 핀잔을 주었더니, 그 소년이 맹랑하게 답했다. "하느님이 사람에게 사리를 가리는 이성을 주셨다면 어른에게만이 아니라 저 같은 아이에게도 주셨을 것입니다. 그러니 제 이야기에도 들을 만한 말이 있을 것이 아닙니까?"

지금도 이스라엘 군대에서는 어떤 전투에서 작전 계획을 세울 때 사전에 장교들의 의견만 아니라 어떤 모양으로든 하부 사병들의 의견도 수렴해서 반영한다고 한다. 물론 작전이 결정된 다음에는 일사불란하게 그 명령에 따른다. 그리고 전투 후, 그 결과의 평가에서도 그리고 장교의 승진 평가에서도 사병들의 의견을 수렴해서 참고한다고 한다. 다른 나라 군대에서는 아마도 보기 드문 일일 것이다.

그러나 유대인 문화에는 남들에게 '반유대주의'라는 반감을 사기도 하는 난점은 있다. 유대인 스스로를 신이 선택한 '선민(選民)'이라고 믿고 배타적으로 뭉치는 경향이 남들의 반감을 사기 쉽다. 또 신이 '가나안' 지역을 유대인의 땅으로 약속했다는 믿음 때문에, 절박한 생존의 필요도 있겠지만, 주위의 아랍 국가들과 자주 무자비한 살육의 싸움을 벌이기도 하는 문제는 있다.

이러한 이스라엘 문화는 그들의 유대교와 그들의 긴 세월의 수난의 역사에서 길러진 문화다. 우리 한국 문화는 우리 나름의 역사적 경험을 가지고 있으니, 물론 그들의 문화를 무턱대고 부러워할 수는 없다. 그러나 참고해야 할 점이 많은 것은 확실하다. 특히 국가를 걱정하는 정신적 윤곽이 특히 굵은 선으로 넓은 윤곽을 이루고 있다는 점은, 민족의식은 강하지만 국가의식·공공의식은 그에 비해 약하다는 우리의 경우를 크게 반성하게 한다.

한국이 유난히 교육열이 강하다는 점은 유대 문화를 어쩌면 능가한다. 그러나 한국의 교육열과 학구열이 주로 출세와 치부의 수단이기 때문에, 출세나 치부를 이루었거나 전망이 보이지 않으면 교육과 학구는 중단하거나 포기하는 경향이 있다. 이 점은 쓸모가 있건 없건 앎은 계속해서 추구해야 한다는 그들의 문화에 비추어 반성할 만하다.

게다가 이스라엘과 한국은 여러 가지로 처지가 비슷하다. 우선 유대 민족은 나라 없는 민족으로 2천 년을 유럽까지 유랑하며 천대받은 수난의 역사를 겪었다. 한국은 근 2천 년 동안 약 60회의 외침을 겪고 수없이 전국이 초토화된 수난의 역사를 가지고 있다. 이스라엘의 땅은 거의 불모지 사막에 가까운 땅이고 자연 자원은 거의 없고, '자원'은 '인간'뿐이다. 한국도 땅은 수려하지만 자연 자원은 아주 빈약하고, '자원'은 역시 '인간'뿐이다. 이스라엘은 멸망을 노리는 많은 아랍 국가에 둘러싸여 있어 언제나 불안을 안고 있다. 한국은 예부터 주변 강대국에 둘러싸여 있고, 국토 양단으로 언제나 일촉즉발의 위험을 안고 있다. 이렇게 비슷한 처지라면 한국이 이스라엘을 참고해야 할 일도 필연 많을 것이다.

몽골족

한국인은 몽골족이다. 따라서 나도 몽골족으로 태어났다. 여러 사실에 상상을 보태서 나는 우리의 옛 조상인 몽골족의 유래를 다음과 같이 추측한다.

약 5, 6만 년 전에 일단의 기마 민족이 지금 러시아 중부의 알타이 산맥을 넘어 긴 세월에 걸쳐 동진을 계속했다. 그중의 일부는 바이칼 호 근처에 남아 정착했고, 다시 일부는 동남으로 진로를 꺾어 가면서 차례로 몽고, 만주, 조선, 일본으로 정착해 갔다. 다른 일부는 계속 동진하면서 아마도 당시엔 육지였을 베링 해를 건너서 차례로 알래스카의 에스키모 족, 북미 대륙의 인디언 족, 중미의 마야 족, 그리고 마침내 남미 대륙의 잉카 족으로 자리를 잡았다.

몽골어, 조선어, 일본어가 어법도 어휘도 비슷한 점이 많아서 같은 알타이 언어계에 속한다는 것은 널리 알려진 사실이다. 미 대륙

그저 좋아서

으로 넘어간 에스키모, 인디언, 마야 족, 잉카 족의 언어는 난 전혀 모르지만, 아마도 같은 알타이계 언어였으리라 추측해 본다.

1951년 처음으로 미국 워싱턴에 있는 스미스소니언 박물관의 미국 인디언 문화관에서 등에 포대기로 아이를 업어 메고 통나무 절구에 공이로 곡식을 찧고 있는 실물 크기의 인형이 전시된 것을 보고, 내가 겪은 옛 한국의 모습과 똑같아 놀란 적이 있다. 아메리칸 인디언은 우리의 옛 형제였다. 1980년대 초에 중미의 베네수엘라를 방문했을 때 어떤 잡화 상점에서 이제는 우리 생활에서 사라진 옛날 '키', 곡식을 까불어 골라 내는 키를 발견하고 놀랐다. 거기 원주민들이 아직도 쓰고 있다는 것이다. 그들도 옛 우리의 형제였다.

더 놀란 것은 1980년 중반에 캐나다 에드먼턴 박물관에서였다. 그 박물관에서 캐나다 인디언 문화의 전시를 둘러보고 나가려는데 문 옆에 있는 작은 탁자 위에 '윷' 네 가락이 놓여 있고 옆에 설명서도 있었다. 영락없이 우리가 설날에 가지고 노는 윷이다! 길이는 우리 것보다 좀 길었지만, 윷가락 뒤를 인두로 살짝 문양을 지져 넣은 것도 똑같다. 설명서에 적혀 있는 윷 노는 방법도 똑같다. 수만 년 전 우리와 같은 족속이 윷의 전통을 가지고 미 대륙으로 건너 온 것이 분명했다. 그런 생각이 들자 나는 일순간 수만 년 전의 어떤 유령을 보는 듯한 전율을 느꼈다. 네모난 윷판은 본래 북극성을 중심으로 도는 북두칠성의 4계절의 모양을 그린 것이라고 어디에선가 읽은 기억이 났다. 알타이 산맥을 넘어 북방을 동진한 몽골족에겐 북극성과 북두칠성은 아주 친근한 별이었을 것이다.

하지만 슬프게도 이 북방계 여러 몽골족의 역사는 대부분 수난의 역사다. 중남미의 마야 족과 잉카 족은 그들의 친체니차 탑의 유적이나 산정의 기적적인 도시 마추픽추의 유적이 보여 주듯 상당한 문화를 누렸으면서도 스페인의 총탄에 눌려 멸망해서 '인디오'라는 천민의 신세로 전락해 있고, 용맹을 떨치던 북미 대륙의 인디언들도 서구 세력에 밀려 몰락하고 좁은 '인디언 보호지구'에서 구차한 삶을 이어 가고 있다.

동양에서는 그들도 북방 알타이족이었을, 일본 북부 북해도의 원주민인 아이누 족은 같은 알타이족인 일본에 정복당해 흡수되었고, 한때 강대한 군력으로 동서양의 광대한 지역을 점령하고 위세를 떨치던 몽고는 지금 본토의 반은 내몽고로 중국에 흡수되고 인구 2백만의 가난한 나라로 전락해 있다. 한때 중국을 점령하고 청나라를 세웠던, 역시 몽골족의 일원이었을 만주의 여진족은 얼마 전까지도 이어온 그들의 만주어마저 잃어 버리고, 광활한 만주마저 중국에 완전 흡수되어 버렸다. 조선도 한때 일본이 강점하고 아이누와 같은 신세가 될 뻔했다가 세계 정세의 변화로 인해서 소생하였으나, 남북으로 갈라져 험악한 대치 상태에 있다. 그런 중에도 남반부의 한국은 지금 세계 선진국의 모임인 OECD의 회원이다.

이렇게 보면 지금 북방 알타이계 민족 중에 어엿한 나라로 꼽힐 수 있는 나라는 한국과 일본뿐이다. 그렇게 많은 알타이계 민족이 몰락한 원인은 무엇일까? 나는 가장 큰 원인이 자신의 문자(文字)의 발명이 없었거나 늦었던 탓이라고 생각한다.

인간은 여타 동물보다 훨씬 다양한 발음의 말로써 공간적으로 서로 풍부하게 의사소통을 한다. 그 음성 언어는 생존경쟁에서 여타 동물을 제압할 수 있는 무서운 '무기'였을 것이다. 한 사람의 경험을 말로써 다른 사람들에게 전달해 가는 과정에서 그 집단이 공유하는 '문화'가 형성되고 축적되어 갔다.

그러나 음성으로의 말은 공간적으로 먼 곳, 특히 시간적으로 떨어져 있는 다음 세대, 그리고 그다음의 세대에는 '들리지' 않는다는 흠이 있다. 그만큼 삶의 지혜를 세대에서 세대로 이어가는 문화 축적이 활발하게 이루어지지 못한다. 그로 인한 '문화력'의 약화는 생존 경쟁에 불리할 수밖에 없다. 총과 대포의 서구 문화에 굴복, 몰락한 미 대륙의 인디언과 인디오가 단적인 예다. 또한 중국을 무력으로 정복은 했지만, 도리어 긴 세월의 한자 문화가 형성한 중국의 문화력에 '굴복'하게 된 원나라, 청나라도 그 예다. 몽고와 만주는 뒤늦게 자신의 문자를 만들어 냈지만, 때는 이미 늦었던 셈이다.

나는 한국도 뒤늦게나마 세종대왕이 한글을 창제하고 보급해 왔으니 망정이지, 아니었더라면 한국의 문화 정체성을 지금까지 유지할 수 있었을지 장담할 수 없다고 생각한다. 또 한 사가는 18세기 전후 기독교가 한국에 들어오면서 서구 문명을 그래도 빨리 흡수할 수 있었던 것은 바이블이 한글, 당시 '언문'으로 번역되어 쉽게 대중에게 이해되었기 때문이라고 했다.

중국인은 북방 몽골족과는 다르다는 것이 일반적인 견해다. 외양은 몽골족과 비슷하지만, 그들은 옛날 알타이 산맥이 아닌 그 남쪽의 쿤룬 산맥을 넘어 동진한 '화하 족(華夏族)'이 중심 세력이었다고 한다.

문자는 대개 농경을 중심으로 정착한 민족에서 먼저 발달했고, 따라서 농경에 유리한 온대 지방의 나라가 문자 발달에 유리했을 것이라는 추측을 해 볼 수 있다. 따라서 정착 아닌 유목의 민족, 농경에 부적합한 한대를 유랑한 북방계 알타이족은 그런 조건을 이겨 내기 어려웠을지도 모른다. 그러나 이 모두는 옛날 이야기다. 이제 한국은 이 모든 조건을 졸업한 당당한 북방 알타이족이다.

문명 이전

1960년대 말 어느 해, 국제회의 관계로 아프리카의 한 나라에 약 1주일 머문 적이 있다. 좀 욕된 얘기라 그 나라 이름을 밝히지 않겠지만, 당시로서는 아프리카에서 그래도 발전되어 있는 편이라고 들은 나라의 수도였다.

비행장에서 내려서 수하물 찾는 곳에 들렀다. 짐을 찾아 세관 조사를 받고 나서 여권을 보여 달라기에 보여 주고 다시 받았다. 짐을 짐대에서 내리려고 잠깐 여권을 대 위에 놓았는데, 짐을 내리고 보니 그 삽시간에 여권이 감쪽같이 사라졌다. 국제 여행에서 여권은 제일 귀한 서류다. "여기 있던 내 여권 누가 가져갔느냐!"라고 주위 사람들에게 소리쳐도 멀뚱멀뚱 아무도 대답이 없다. 한동안 소란을 피우고 있는데, 어떤 녀석이 '이거 네 것이냐.'고 내 여권을 내밀었다. 어디서 주웠냐고 물었더니 저기 복도에서 주웠다고 하면서 손을 벌렸다. 찾아 주었으니 수고 값으로 돈을 달라는 말이다. 몇 놈이 짜고 한 일이 뻔했지만, 더 법석 떨기도 그렇고 화를 참고 1불 지폐를 주었다.

짐을 끌고 택시를 타러 가려는데 어디서 쏜살같이 또 한 녀석이 나타나더니 짐을 날라 주겠다고 했다. 택시까지 나르더니 이 놈도 손을 벌렸다. 또 1불을 주었다. 택시 운전사가 짐을 들어 트렁크에 올려 넣더니, 그것도 수고라고 그 놈도 손을 벌렸다. 또 1불 주었다. 호텔에 도착해서 택시 값을 치르고 나니, 호텔 웨이터가 짐을 숙박 수속대까지 날라다 주었다. 이 놈도 손을 벌렸다. 또 1불 주었다. 수속이 끝나고 방으로 갈 때 물론 또 한 놈의 웨이터가 짐을 날랐다. 또 1불 주었다. 세어 보니, 비행장에서 호텔 방에 들어올 때까지 팁을 다섯 번 뜯긴 셈이다. 그러나 나는 그것이 괘씸했다기보다는 도리어 안쓰러운 생각이 들었다. 나라가 오죽 가난했으면 이렇게까지 돈 뜯을 기회를 노릴까 하는 연민이었다. 옛날 찌들게 가난했던 조선 말기의 사정도 이와 비슷했으리라는 생각도 들었다.

호텔 식당에서 아침을 먹을 때, 예컨대 오렌지주스, 우유, 시리얼, 토스트, 계란 프라이, 베이컨 등 대여섯 가지를 주문하면 웨이터는 으레 그중 두셋은 까먹고 서너 가지만 가지고 온다. 다시 일러야 나머지를 가져온다. 거의 매일 아침 그랬다. 이 웨이터, 저 웨이터 다 그랬다. 그 나라에 오래 있어 온 미국인에게 왜 그러는지 물었더니, 그 나라의 한 원주민의 부족에서는 수를 셀 때 '하나, 둘, 셋' 뿐이고, 그 이상의 수 개념은 없이 나머지는 다 그저 '많다'라고 한다고 했다.

믿기 어려운 얘기라고 했더니, 그게 사실이라고 했다. 따라서 아침 식사 주문한 것 중 셋까지는 잘 외우지만, 그 이상은 잘 외우지 못한다는 것이다. 하기는 우리도 아침 식사에 열 가지를 주문하면 한두 가지는 잊어버릴 것이다.

회의 참가자들은 단체로 숙박했기 때문에 숙박비에서 10%를 감하게 되어 있었다. 회의를 끝내고 호텔 숙박비를 지불할 때 호텔 직원이 숙박비 계산이 느려서 무척 시간이 오래 걸렸다. 개인당 전체 숙박비는 따로 합산되어 있는데 거기에서 10%를 감하는 계산이 더디기 때문이다. 필산으로 한다 해도 우리 같으면 전체 숙박비를 적어 놓고, 같은 숫자를 한 자리 아래로 밀어 내리고 뺄셈하면 답이 나올 텐데, 그러지 않고 먼저 필산으로 숙박비의 10%를 계산한 다음 그것을 숙박비에서 감하는 수식을 적고 운사하느라고 긴 시간이 걸린 것이다. 수의 개념과 계산이 무척 희미하고 더디다.

회의에 참가한 사람 중 서넛이 여러 가지를 파는 시장을 구경하러 갔다. 백인이 셋 그리고 '황인'인 나까지 넷이다. 미국 유학 때 나는 물론 많은 흑인을 보았고, 흑인 학생 몇과는 꽤 친하게 지내기도 했다. 그러나 시장의 그 많은 사람이 다 흑인인 데에는 약간의 섬뜩함도 느꼈다. 우리가 시장을 구경하러 갔는데, 결과는 우리가 도리어 그들에게 구경거리가 되었다. 서양인인 백인은 그래도 볼 기회가 더러 있었겠지만, 동양인인 '황인'을 보는 것은 처음이었는지 내게 많은 눈이 쏠리고 있는 것을 느낄 수 있었다.

그중 한둘은 내가 신기하기도 하고 반갑기도 하다는 뜻에서인지 내 얼굴에 얼굴을 20센티미터도 안 되게 바짝 대고 보면서 검은 얼굴에 흰 이빨을 드러내고 "햐!" 하고 덤벼들 듯이 웃어대는 때엔 약간 질색하기도 했다. 전에 어디에선가 여러 문화 집단마다 사람들의 대면 거리, 즉 얼굴을 맞대고 이야기하는 거리가 다르고, 미개 사회일수록 거리가 짧다는 것을 읽은 것이 생각났다. 그러고 보니 한국이나 서양에서나 대면 거리가 특별한 경우 이외엔 대개 70~80센티미터인데, 20센티미터의 대면 거리는 약간의 충격이었다.

같이 간 사람들에게 이런 느낌을 말했더니, 그중 한 사람은 그것을 '금제(禁制) 작용'이 부족한 탓이라고 해석했다. 즉, 신기하건 반갑건 그 감정을 조금도 자제하지 않고 숨김이 없이 통째로 그대로 표현하는 관습의 탓이라고 했다. 어찌 보면 가식도 허식도 없는 순박한 감정 표현인 것이다. 이런 금제의 부족은 자칫 남을 배려함이 부족한 도덕의 결핍으로 이어질 수도 있다. 반면 금제의 과잉은 자발성의 부족으로 이어지고, 지나친 허식과 허례를 낳을 수도 있다.

1960년 후반의 그 아프리카 나라는 어쩌면 '문명 이전'의 사회에 가까웠다고 볼 수 있다. 하지만 시각을 달리 하면 자연에 더 가까운 자유로운 사회였다고 해야 한다. 이에 비하면 '문명 이후'는 너무 인공적이고 허례허식을 일삼아야 하는 부자유스러운 사회라고도 볼 수 있다.

다문화

　내가 처음 서양 사람을 본 것은 다섯 살 땐가 내가 살던 함경도 북창의 거리에서였다. 아이들이 같이 놀다가 서양 사람이 온다고 겁먹고 숨어서 지나가는 서양 사람을 구경했을 때였다. 나중에 알았지만 그는 러시아인이었다. 처음 인상은 사람 같지 않고, 무슨 사람처럼 생긴 짐승 같았다. 조선 말기 한강을 거슬러 올라온 미국 군함을 보고, 그 지방의 수령이 조정에 보고하기를 '이상한 배에 사람같이 생긴 짐승들이 타고 있다.'고 보고했다는 것도 무리가 아니었다.

　어려서 말이 다른 중국인과 일본인은 가끔 봤는데 생김새가 한국인과 비슷해서 별로 이상하지는 않았지만, 어른들은 중국인을 '뙤놈', 일본인은 '왜놈' 또는 '일본 애들'이라고 불렀다. 뙤놈은 아마 대국(大國) 놈의 속칭이고, 일본 애들은 키가 작다는 왜(倭)인을 얕잡은 말이었을 것이다. 중국에게도 일본에게도 난리를 많이 겪었던 감정도 담긴 말일 것이다.

1945년 제2차 세계대전 끝에 한국이 해방되고, 그해 9월엔가 미군이 서울에 입성했을 때 나도 거리에 구경을 나갔는데, 역시 첫인상은 이상하게 생긴 사람들이라는 느낌이었다. 그 미군의 일부는 내가 다니던 경성사범학교 건물에 주둔했다. 어느 날 학교에 갔더니 음악 교실에서 쇼팽의 '판타지' 피아노곡을 완벽하게 치고 있는 소리가 들려 왔다. 나도 일제 말기엔 피아노 연주에 열중하고 있을 때였기 때문에 궁금해서 교실에 들렀더니 한 미국 사병이 그 곡을 치고 있었다. 나는 가까이에서 조용히 듣고 있다가 끝나자 박수치면서 짧은 영어로 참 훌륭한 연주라고 칭찬하고 서로 통성명도 했다. 그의 이름은 제임스 콜먼이었다. 알고 보니 그는 징병 전 음악 대학생이었다. 그것이 계기가 되어 우리는 자주 만나서 많은 이야기도 나누었고 제임스는 우리 한옥 집에도 자주 와서 놀다 가기도 했다. 그렇게 지내다 보니 서양 사람도 우리와 똑같은, 때로는 더 인간적인 사람이라는 실감이 들었다.

나와 다른 색다른 인종을 만나면 대개 첫 반응은 이질감, 의구감, 경계심이다. 그것은 아마도 생물의 생존경쟁에서 유래한 본능적 경계심일 것이다. 그러나 생김새나 생활양식이 좀 다른 인간의 종들은 생사를 건 경쟁을 벌일 때도 있지만, 서로 이해하고 공존할 줄 아는 사이일 수도 있다. 아마 그 대표적인 사례가 미국일 것이다.

미국은 꼭 인종 전시장 같은 곳이다. 세계의 거의 모든 나라에서 온 여러 인종이 모여 사는 곳이다. 유럽, 러시아, 남미, 아프리카, 인도, 중국, 한국, 일본, 베트남 등에서 건너간 각종 백인, 흑인, 황색인,

갈색인이 모여 사는 곳이다. 미국은 그렇게 될 수밖에 없는 역사적 사정도 있었다. '주인 없는' 신대륙엔 누구나 건너갈 수 있었고, 역대 미국 정부는 대개는 이민의 자유를 보장했기 때문이다. 그런 다종족의 나라는 자연히 다문화(多文化)의 나라를 형성하게 된다.

나는 미국이 20세기에 들어와 갑자기 여러 분야에서 무섭게 발전하면서 세계의 헤게모니를 잡고 가히 '팍스 아메리카나'를 이루게 된 원인으로 두 가지를 꼽는다.

그 하나는 바로 미국이 다문화 사회라는 사실이다. 다문화라는 현실은 색다른 경험, 지식, 기술, 여러 사고방식, 색다른 가치관의 풍부한 교차와 종합의 장을 형성하면서, 여러 영역에서 창의와 창작, 창조를 분출하게 한다. 지금도 미국에서 특출한 창의의 산실인 실리콘밸리엔 백인만 아니라 아세아인, 인도인이 다수 진을 치고 있다. 혹자는 중국의 음양(陰陽) 사상이 0과 1로 작용하는 디지털 원리에 도움이 된다고 했다. 인도인은 본래 수학에 강하다. 인도의 초등학교에서는 우리처럼 '구구단'이 아니라, 말하자면 '19단'까지 외우게 한다. 즉, 12×13, 19×17까지도 외우게 한다.

또 하나의 원인으로 나는 미국의 자유민주주의를 꼽는다. 그런 다문화의 장에서 창출되는 아이디어를 마음대로 발표할 수 있고, 실험해 볼 수 있는 자유는 창의가 발현할 수 있는 필수조건이다. 인습이나 이데올로기에 묶여 발표의 자유가 제약받고 있는 나라에서는 창의의 출현을 바라기 어렵다.

문제는 한국이다. 한국은 지난 반세기 동안 비약적인 경제 발전을 거듭하면서 넓게 그리고 깊숙이 국제 관계라는 무대의 한복판에 등장하게 되었다. 외국과의 물적 교역도, 인적 교류도 기하급수적으로 팽창해 왔다. 따지고 보면 한국처럼 부존 자원이 빈약한 나라로서는 국제 무대가 경제적 생존의 관건이고, 열강에 둘러싸인 나라로서는 국제 관계의 통찰과 조정이 국가 안보의 요체일 수밖에 없다. 따라서 국민 모두가 능란한 '외교관'일 것이 절실히 요망되는 나라다. 외교관까지는 아니더라도 외국인과 응당히 친교하고 배려하는 자세는 있어야 할 것이다.

그러나 우리에게 아직도 지나치게 외국인을 경계하고 때로는 멸시하는 '외인 기피증'이 남아 있다고 볼 수밖에 없는 경우가 많다. 한국 관광에서 속거나 업신여김을 당해서 다시는 한국에 오지 않겠다고 하는 중국 관광객이 많다는 기사, 가난한 나라에서 온 노동자의 임금을 자주 체불한다는 기사, 베트남 여자와 결혼한 가정 그리고 아이들을 동네 사람들이 멀리 하거나 놀린다는 기사 등을 읽을 때마다 외국인에 대한 우리의 개방성이나 수용성이 미흡함을 느낀다. 이런 이야기가 외국인들 사이에 자주 전해지고 널리 퍼지면, 그만큼 한국은 국제적 고아로 전락하는 것이 아닐까?

이른바 선진국이라고 하는 서구의 사람들만이 우리가 대접해야 할 외국인이 아니다. 세계 모든 선·후진국의 외국인이 다 같은 인간이고, 나아가 그들의 문화가 우리에게 어떤 문화적 이득을 안겨 줄 수 있다는 생각이 다문화 존중의 신념일 것이다. 나는 다문화 상황은 문화의 창조와 발전, 나아가 국력 신장의 터전을 제공한다고 믿는다.

일본이라는 나라

　일본은 여러 가지로 한국에는 문제인 나라다. 일의대수의 옆 나라이기도 하고, 옛날 일본 열도를 정복한 일본의 조상은 거의 틀림없이 조선 반도를 거쳐 간 조선족과 같은 알타이계 민족일 것이고, 두 나라 언어의 어순과 어법이 거의 완전히 같다. 여러 면으로 두 나라는 '형제'의 나라인데, 어쩌다 이렇게 서로 아옹다옹하는 사이가 되었을까?

　나는 일제강점기 초·중등학교 시절에 일본의 지리, 역사는 물론 일본문학 책도 많이 읽어서, 일본문화를 속속들이 잘 알고 있다고 생각해 왔다. 그러나 해방 후에 점점 일본이 불가사의의 나라라는 생각, 그래서 스스로 일본관을 재해석해야겠다는 생각이 짙어졌다.

　그러다가 얼마 전에 미국의 신학자 니부어(Reinhold Niebuhr)가 지은 『도덕적인 인간과 비도덕적인 사회』라는 책을 읽고 나서는 그 재

해석의 윤곽이 잡히는 느낌이 들었다. 니부어의 주장은 책 제목이 시사하는 그대로, 모든 나라에서 개개인의 인간은 착하고 도덕적인데, 그들이 한 집단으로 뭉쳐 이루는 사회는 온갖 비도덕적인 악행을 서슴지 않는 습성이 있다는 것이다. 제2차 세계대전 때 개인으로는 개미도 밟아 죽이지 못할 정도로 마음이 여린 독일 병사가 집단의 일원이 되면 눈도 깜짝 안 하고 유대인을 죽음의 가스실로 몰아넣은 것이 단적인 예다. 물론 이 책은 모든 나라에 그런 경향성이 있다는 것이고, 유독 일본을 겨냥하고 쓴 책은 아니다. 하지만 나는 '도덕적인 인간과 비도덕적인 사회'의 대조가 현저한 나라가 일본이 아닌가 하는 생각이 들었다.

일본 사람들은 개인적으로는 아마 세계에서 가장 상냥하고 나긋나긋하고 친절하고 예의가 바른 사람일 것이다. 그래서 일본을 방문하는 외국인들은 대개 금방 일본 사람에게 반한다. 초면에 무뚝뚝하고 붙임성 없이 대하는 여느 나라 사람과 다르다. 나도 일제강점기에 일본 학생, 조선 학생들이 같이 다니던 경성사범학교에서 친하게 지낸 일본 학생이 있었다. 하루는 그 친구가 자기 집으로 놀러 가자고 했다. 현관에 들어서자 그의 어머니와 동생들이 나와 내가 무슨 귀빈이나 되듯이 앉아서 깊은 절로 맞아들이고 공손히 인사하고 융숭한 대접도 했다. 집 안의 모든 것이 깨끗하고 정돈되어 있는 것에 좀 놀라기도 했다. 거기엔 당시 조선 강점자로서의 거만함은 티끌만치도 없었다.

일본 사람들은 어린 나이에 도덕 훈련을 퍽 일찍부터 시작한다. 심리학에서 어린이의 대소변 가누기 훈련을 도덕 훈련의 시작이라

고 본다. 다른 나라에서는 그 훈련을 돌 또는 두 돌이 지나 시작하는
데, 일본 사람의 육아에서는 대소변 가누기 훈련을 돌 되기 훨씬 이
전부터 시작한다는 연구 보고를 읽은 적이 있다. 일찍부터 장기간의
엄격한 도덕 훈련이 현저하게 남의 생각, 공공의 생각을 하게 하는
일본 사람들의 높은 개인적 도덕성의 원인일지도 모른다.

도덕성과 관계되는 일본의 또 하나의 특징은 일본은 현저하게
'세로의 사회', '종(縱)의 사회'라는 사실이다. '종의 사회'란 사람들 사
이의 평등보다 상하 관계를 더 중요하게 여기는 사회다. 이에 비하
면 한국 사람은 그래도 평등의식이 강한 '가로의 사회', '횡(橫)의 사
회'인 셈이다. 종의 사회에서는 윗사람을 위해야 하고, 아랫사람에겐
위함을 받을 것을 기대한다. 이 법도에 어긋나면 사람 취급을 받지
못한다.

한국 사람들은 퇴근하면서 동료들이 잠깐 선술집에서 얘기를 나
눌 때 과장이나 사장이 뭐 그러냐고 험담을 하기도 한다. 그러나 일
본에서는 그렇게 윗사람을 뒤에서 험담하면 몹쓸 사람으로 따돌림
을 당한다. 대조적으로 한국에선 돌아서면 '임금도 욕한다'.

일본 사람과 한국 사람이 삼판 승부로 바둑 시합을 벌였다. 근소
한 차로 첫 판은 한국 사람이 이겼고, 둘째 판은 일본 사람이 이겼
다. 셋째 판엔 한국 사람이 다시 근소한 차로 이겼다. 그러자 일본
사람이 앉은 자리에서 일어서서 다시 무릎을 꿇고 앉더니 공손히 깊
은 절을 하면서 "항복합니다. 지금부터는 선배로 모시겠습니다."라
고 했다. 한국 사람이면 '쟤가 어쩌다 이겼지 뭐.'라고 생각하며 다시
한 번 붙자고 했음직하다.

일본 문화를 깊이 알고 있는 수학자 김용운 교수는 일본의 이런 종의 문화의 기원을 태고에 일본을 정복한 세력이 조금이라도 반항하는 원주민은 가차 없이 살육한 역사에서 비롯했다고 말한다. 힘이 센 윗사람을 무서워하고 위하는 것이 살 길이었던 시대의 유물이라는 것이다. 일본말로 '똑똑하다'를 '가시꼬이'라고 하는데, 한자로는 '可畏'라고 쓴다. 위를 무서워 할 줄 아는 것이 현명하다는 뜻이다.

옛날 시카고 대학교에서 유명한 신학자 틸리히(Paul Tillich)의 강연을 들은 적이 있는데, 그때 그는 일본을 언급하면서 그렇게 상하의식이 강하고 평등의식이 약한 사회에서 진정한 민주주의가 꽃 피기는 어려울 것이라고 말한 것이 기억난다.

문제는 '종의 사회'의 지나친 상하의식이 개인의 도덕의식을 마비시킬 수도 있다는 점이다. 모든 나라에서 '윗사람'들은 국가 또는 집단의 지도 세력을 형성하기 때문에 그들이 실질적으로 국가나 집단의 상징이 되고, 그들의 명령이 '국가의 명령'이 된다. 개인들은 그 국가의 명령에 자신의 도덕적 양심을 위탁하면서 행동하게 된다. 따라서 지도층이 생각이 짧을 경우 그들이 국가의 이름으로 사악한 행위를 요구할 때엔 도덕적 양심이 공허해진 아랫사람들은 온갖 사악한 행위를 서슴지 않게 된다.

일본은 임진왜란에서도 한반도를 초토화했다. 더구나 100년 전에 한반도를 통째로 강탈했고, 제2차 세계대전 때엔 한국인을 징병, 징용, 위안부로 동원했다. 만주의 일본 부대인 731부대는 조선인과 중국인을 실험용 흰쥐처럼 생체 실험으로 잔인하게 죽이기도 하고, 중국 남경에서는 무고한 시민 40만 명을 살육했다. 그러면서도 이 모두는 침략도 아니고, 허위고 날조된 것이라고 강변할 정도로 지도층과 윗사람들의 '사회적 도덕성'이 마비되어 있다. 따라서 일본은 '도덕적인 인간과 비도덕적인 사회'의 전형적인 예라고 하지 않을 수 없다.

동북아의 평화는 여러 요인에 달려 있다. 그중 절실한 요인의 하나는 일본이 지극히 도덕적인 개개인의 일본 사람들과 지극히 비도덕적인 일본 정치 지도층의 괴리를 좁혀야 하는 일일 것이다. 물론 이것은 일본의 문제만은 아니다. 다만, '종의 사회'의 성격이 짙은 일본에서 더 절실한 문제일 뿐이다.

역사의 앙금

역사를 '거울', 한자로 鑑이라고도 한다. 옛일에서 잘한 일은 배우고 잘못한 일은 되풀이하지 말라는 뜻일 것이다. 그런가 하면, 또 역사의 사건은 일회성이고, 다른 시대에 그대로 되풀이될 수도 없고, 따라서 한 시대의 가치관으로 다른 역사시대의 사건들을 '좋다, 나쁘다' 평가해서는 안 된다는 이른바 '역사주의'의 주장도 있다. 역사를 과연 어떻게 보아야 하나? 서로 좀 헷갈리는 주장이다. 역사는 그 모든 성격을 다 가지고 있는 것으로 보아야 하는 것이 아닐까?

하여튼 지난날의 역사가 오늘에 어떤 영향, 어떤 '앙금'을 남기고 있는 것은 엄연한 사실이고, 오늘날 한국의 현실엔 지난날의 한국 역사가 어떤 모습으로 함축되어 있는 것은 확실하다. 한국말도 수천 년 전부터 이어져 내려오고, 우리가 설날이면 입는 한복도 천 년 전의 모습을 어딘가는 담고 있을 것이다. 더 심각한 문제는 아주 발전하고 현대화되었다 하더라도 우리의 사고방식과 행동방식에도 좋건 아니건 옛 역사의 앙금이 어떤 모양으로 남아 있지나 않을까 하는 점이다. 그 앙금 속에서 현실에 적합한 '금싸라기'는 취하고 부적절한 '진흙'은 버려야 할 텐데 그것이 그리 쉽지 않은 것이 문제다.

정신분석자 융(Carl Jung)은 그의 '집단무의식 이론'으로 유명하다. 실증을 통한 이론이기보다는 약간은 신비스러운 상상적 추론이지만 수긍이 가는 이론이다. 그 요점은 현대인의 정신 구조 속에는 그가 속하고 있는 집단의 여러 역사적 단계에서 작용했던 사고방식의 '앙금'이 무의식 속에 층층으로 쌓여 있어서 그의 정신작용에 영향을 주고 있다는 것이다. 예컨대, 한민족의 경우엔 옛날 단군 조선 시대의 사고방식, 삼국 시대의 사고방식, 고려·조선 시대 사고방식의 앙금이 지금 우리 무의식 속에 층층을 이루면서 남아 있다는 것이다.

융은 이런 집단무의식 이론의 아이디어를 꿈에서 얻었다고 한다. 꿈에서 어느 집에 초대받아 갔는데, 그 집 2층엔 현대적인 산뜻한 가구들로 차 있었고, 1층에 내려가 보니 거기엔 고색이 창연한 옛날 가구들이 즐비했다. 다시 지하실에 내려가 보니 거기엔 고대의 창, 칼, 갑옷 등이 가득했고, 다시 또 그 아래층이 있어서 더 내려갔더니 거기엔 원시인이 쓰던 돌도끼, 옹기 등 생활 기구들이 널려 있었다. 겉으로 보기엔 현대 가옥이지만, 속엔 지난 역사의 유물이 층층으로 쌓여 있었다는 말이다.

지난날의 역사적 사건 중에는 그 당시에도 저주스러운 참극이었던 사건, 반대로 축복된 희한한 사건으로 그 영향이 컸을 사건이 많았다. 중국의 한나라에 의한 고조선의 망국은 그때에도 크나큰 비극이었고, 반대로 고구려의 창건은 희한한 축복이었을 것이다. 조선조의 사색당쟁은 당시에도 큰 재앙이었고, 세종의 한글 창제는 그때에도 희한한 축복이었다.

하지만 더 심각한 문제는 화(禍) 또는 복(福)이었던 옛 사건들이 짙은 앙금을 남기면서 후세에도 때로는 더 큰 화나 복의 원인으로 남을 수 있다는 것이 역사의 무서운 기제라는 점이다. 예컨대, 옛 고조선의 멸망은 당시에도 비극이었지만, 그 넓은 만주의 땅을 버리고 좁은 한반도로 이동했던 탓으로 한민족은 그 후 줄곧 이 좁은 땅에서 그 화를 입으면서 이천 년을 살아야 했다. 고조선 패망의 앙금은 그렇게 길다. 반면 세종대왕의 한글 창제는 당시에도 큰 복이었지만, 그 때문에 한민족의 문화 정체성을 길이 유지할 수 있었다는 사실, 그 때문에 한글 성경이 상인 계급에 쉽게 보급되면서 서구 문물의 유입을 촉진했다는 사실, 다시 내려와서 1960~1970년대 경제 발전에는 문맹이 아닌 대중이 필수인데, 배우기 쉬운 한글 때문에 한국엔 문맹이 거의 없어서 비약적 발전의 큰 원동력이 되었다는 사실로도 이어졌다. 크나큰 축복의 역사적 기제다.

그런가하면, 아직도 바람직하지 못한 옛 역사 사건의 앙금이 가시지 못하고 있는 것이 아닌가 하는 의심이 되는 현상도 비일비재다. 옛날 신라와 백제의 갈등은 아직도 깨끗이 가시지 못한 지역 감정으로 남아 있고, 근자 국사는 접어놓고 당쟁에만 여념이 없는 국회의원들의 모습에선 조선 망국의 큰 원인이었던 사색당쟁의 잔영이 짙게 엿보인다. 고려 때부터 근 천 년을 이어온 관직 출세의 관문으로 실시해 온 과거제도는 여러 가지로 오늘의 한국에 어두운 그림자를 남기고 있다. 지금 수능 중심, 출세 위주 교육이 그 역사적 잔영이다. 특히 우리는 조선 말기 백년, 관직에 오르면 온갖 가렴주구와 부정 축재를 일삼았던 역사의 앙금이 아직도 가시지 않고 있는 것을 몇몇 대통령을 위시한 많은 고급 관료들의 행적에서 보아 왔다.

역사적 사건의 앙금엔 후세에 복이 될 금싸라기도 있고, 화가 될 진흙도 섞여 있다. 그것을 가려내어 복된 것은 키우고 화근이 될 것은 청산하려는 것은 역사를 알려는 노력의 일부다. 그것을 가려내는 일도 쉽지 않고, 화근이 될 앙금을 청산하는 데에는 더 깊은 성찰과 비상한 노력이 필요하다는 사실 또한 엄중히 인식할 필요가 있다.

나아가 오늘 우리가 만들어 가고 있는 역사도 어떤 앙금을 남기고 있고, 그것이 내일의 역사에 복 또는 화근이 될 수 있다는 사실도 엄숙히 인식해야 한다. 지난 역사는 우리를 만들고 있지만, 우리가 하는 오늘의 행위가 내일 역사에 앙금을 남기면서 내일의 한국인을 만들 것이기 때문이다. 그것이 우리의 '역사적 사명'이다.

8. 부자의 의무

이육사

  나는 시재(詩才)가 없어서 시를 짓지는 않는다. 하지만 명시(名詩)를 읽고 외우고 하는 것은 좋아한다.

  내가 시재가 없는 데에는 에피소드가 하나 있다. 대학 시절 무슨 흥취가 일었던지, 시를 한 수 지었다. 그리고 가끔 시를 짓는다는 후배가 있어서 그 친구에게 그 시를 보였다. 읽고 나더니 이 친구가 "형, 이걸 시라고 썼소!"라고 하는 바람에 그 후 나는 시를 쓰는 일과는 절연했다. 우리가 무심코 던지는 말이 남에게 의외로 큰 영향을 주는 경우다. 그 친구가 그렇게 핀잔을 주지 않았다면, 나도 더러는 시작을 했을지도 모른다.

  우리말의 시 또는 한시나 영시에서 마음에 드는 시는 가끔 외우고 혼자 낭독하면 그 시인의 시상(詩想)에 나도 젖어 들어간다. 그러면서 내 마음을 때로는 흐뭇하게, 때로는 기쁘게, 때로는 차분하게,

때로는 비장하게 해 주고 새로운 경험의 세계에 감동하는 등 감정이입을 즐길 수 있게 된다.

그런데 내가 좋아하는 시는 대개 다른 사람들도 회자하는 좀 옛 시인들의 '명시'들이다. 예컨대, 한용운의 「님의 침묵」, 김소월의 「산유화」, 정지용의 「향수」, 조지훈의 「승무」 등이다. 근래 시인들의 '현대시'들은 이것도 시재가 부족한 탓인지 공감이 가고 안 가고 하기 전에 우선 무슨 말인지 알 수 없는 난삽한 글귀가 하도 많아서 즐겨 읽을 수가 없다.

시에는 갖가지 연상, 특히 직유(直喩)와 은유(隱喩) 등의 비유가 풍부하다. 어쩌면 그런 비유의 풍부함이 시의 생명일지도 모른다. 달보고 애인 생각을 떠올리는 것은 연상이고, 박목월의 '구름에 달 가듯이 가는 나그네'는 직유고, 이육사의 '흰 돛단배'는 백의 민족의 은유다. 이런 비유는 작가의 경험과 상상의 소산이다. 그런 풍부한 비유로써 우리는 세상의 숨은 이치를 깨닫기도 한다. 그러나 그런 비유는 어느 정도는 사람들에게 공통된 경험과 상상을 근거로 해야지 너무 작가의 독특하고 괴팍한 상상에서 나온 것이면 이해하기 어려운 시가 된다.

많은 사람이 애송하는 명시들은 한국시이건 영시건 한시건 다 알기 쉽고 공감하기 쉬운 시들이다. 애당초 명시가 될 수 있는 시의 조건이 직유나 은유가 풍부하면서도 그것이 다 알기 쉽고 공감하기 쉽다는 것일지도 모른다.

한국 시인들의 대표작을 수록한 시집에는 대개 김소월 아니면 한용운의 시가 먼저 나온다. 그만큼 그 두 사람이 한국의 대표적인 시인이고 그들의 시가 널리 회자되고 있기 때문일 것이다.

하지만 나에겐 이육사(李陸史)가 제일 마음이 끌리는 시인이다. 그 이유는, 그의 시 자체에 풍부한 은유가 담겨 있고, 시마다 일제강점기에 나라의 해방을 염원하는 절절한 조국애가 스며 있을 뿐만 아니라 짧은 인생을 남모르게 말없이 항일·독립 운동에 헌신하다가 중국 북경에 있던 일제의 헌병 감옥에서 고독한 죽음으로 마흔의 나이를 끝맺었기 때문이다. 알다시피 그는 이퇴계의 후손으로 그의 본명은 이원록(李源祿)이고, '육사'는 항일운동으로 3년의 옥고를 치렀을 때 수인 번호가 264호였음에서 지은 아호다. 그는 일제강점기 말 중국 북경의 일본 헌병대 감옥에서 옥사하기 직전까지도 조국 해방을 절원하는 시 「광야」를 유작으로 남겼다. 그의 절명시였다. 내가 제일 애송하는 시다. 널리 알려진 시지만, 여기에 옮겨 본다.

까마득한 날에
하늘이 처음 열리고
어디 닭 우는 소리 들렸으랴

모든 산맥들이
바다를 연모해 휘달릴 때도
차마 이곳을 범하던 못하였으리라

끊임없는 광음(光陰)을
부지런한 계절이 피어선 지고

큰 강물이 비로소 길을 열었다.

지금 눈 내리고
매화 향기 홀로 아득하니
내 여기 가난한 노래의 씨를 뿌려라

다시 천고(千古)의 뒤에
백마 타고 오는 초인이 있어
이 광야에서 목 놓아 부르게 하리라

제1연은 물론 나라의 웅장한 시원을 뜻하고, 닭 우는 소리는 계림(鷄林)의 옛 전설을 연상케 한다.

제2연은 여러 가지로 해석할 수 있다. 하나는 한국의 지형을 이름이고, 또 하나는 많은 우여곡절에도 한민족의 땅을 보전해 왔다는 뜻이다.

제3연에서 '강물'은 역사 문화를 뜻하고, 기나긴 역사에서 큰 문화의 물줄기를 형성했음을 뜻한다.

제4연에서 '지금 눈 내리고'는 지금 일제강점의 음산한 겨울을 뜻하고, 감방에서 혼자 쓸쓸히 애국 충정의 향기에 젖어 있으니, 해방의 소원을 담은 힘없이 가난한 노래의 씨를 이 눈 속에 뿌려서, 다시 천 년 뒤에라도 어떤 영웅이 나타나서 조국 해방을 이루면 이 황무지 같은 땅에서 목청껏 그 노래를 부르게 하리라는 제5연으로 끝맺는다.

나는 이 시를 혼자 암송할 때마다 마음이 숙연해지는 것을 느낀다. 혹 그것이 비록 어린 시절이었지만 나도 일제강점기의 음산한 경험이 있었기 때문일지도 모른다. 그렇다면 그런 경험이 없는 지금 세대에게 이 「광야」는 그리 큰 감동과 공감을 일으키지 않을지도 모른다. 널리 알려져 있는 그의 시 「청포도」도 실은 청포도를 빙자한 조국 해방의 염원을 담은 시다. 그의 다른 시들도, 예컨대 「교목」, 「절정」, 「꽃」도 다 조국 광복을 염원하는 절절한 애국 충정의 시들이다. 적어도 나에겐 한국 시인의 반열에서 이육사가 김소월과 한용운보다 더 감동을 주는 시인이다.

한자를 어찌 하나

지금은 신문도 잡지도 학술 서적도 거의 다 한글로 쓰어 있고, 한글만으로는 의미가 좀 모호할 때만 한자(漢字)를 쓰든지 또는 병기한다. 이 책의 글도 그렇다.

1950년대에 비하면 이렇게 거의 완전히 한글 전용이 된 것은 정말 격세지감이 있다. 1950年代엔 나도 서너 卷의 册을 著述했는데, 語源이 漢字인 用語는 거의 다 이처럼 漢字로 썼다. 요새 이런 식으로 책을 썼다가는 내 세대 말고는 읽을 엄두를 내는 사람이 없을 것이다. 그 후 시류에 따라 내가 저술한 책들에서도 점점 한자가 사라지면서 나도 한글 전용자가 되었다.

그렇게 긴 세월 한글 전용을 하다 보니, 한 부수 현상은 어느새 내 한자 기억이 가물가물해진다는 것이다. 어릴 때 그리고 초·중등학교 시절 한자를 무진히 배웠기 때문에 웬만한 한자는 거의 다 알고 있다고 자신하는데, 이제는 뻔히 아는 한자도 획이 어떻게 되는지 자신이 없어져서 사전을 뒤지는 경우가 생긴다. 모든 언어나 문자는 오래 쓰지 않으면 차차 망각하게 마련이다. 이대로 가면 젊은 세대는 물론 내 세대에서도 한자는 점점 무용지물로 퇴화하고 말 것만 같다.

물론 한글 전용은 확실히 장점이 있다. 우선 우리의 사고와 감정을 그대로 우리말로 표현할 수 있다는 것이 가장 큰 장점이다. 한글은 배우기도 쉬워서 우리나라엔 문맹이 거의 없다는 것도 큰 장점이다. 디지털시대에 적합한 문자라는 것도 장점이다. 그렇다고 지금처럼 한자를 꼭 많은 사람의 두뇌에서 퇴화케 해서 망각지대로 몰아갈 것이냐 하는 것에는 생각해야 할 문제가 많다.

우선 지난 날 조선 시대까지 수천 년의 한국 역사의 사료(史料)는 거의 다 한문이다. 한자·한문을 모르고는 한국 역사를 '직접' 알아볼 수가 없다. 한자와의 단절은 한국 역사와의 단절을 뜻할 수도 있다.

더 말할 나위 없이 한 나라의 역사는 그 나라 사람들이 나는 누구냐를 스스로 규정하는 자아정체성 발견의 불가결한 원천이다. 물론 그런 사료의 번역판을 읽을 수는 있다. 그런 옛 사료의 번역이 진행되어 왔고 또 진행중인 줄 안다. 그러나 그 방대한 그리고 지금도 속출하는 각종 사료를 다 번역하는 일은 거의 불가능하다.

우리 집에도 옛 조상들이 쓴 문집이 꽤 여러 권 있다. 그러나 내 한문 실력은 반편이어서, 가끔 들춰보아도 그 뜻을 정확히 파악하지는 못한다. 그래도 한자는 그런대로 좀 아는 편이어서 어슴푸레 짐작은 한다. 하지만 내 아들 세대부터는 이 조상들의 문집은 완전 폐물이 될 것이다. 누군가에 의해서 발굴되고 해석되어야 할 이런 옛 문집이나 사료들이 아직도 사방 곳곳에 수없이 많이 숨어 있을 것이다.

국내 여러 대학에 국사학과가 많은데, 나는 가끔 국사학과 학생들의 한문 실력이 어떤지가 궁금하다. 혹 그들의 한문 실력이 나처럼 반편 또는 그 이하라면 그들의 국사 연구는 역시 반편을 면할 수 없을 것이기 때문이다.

한자와 단절할 수 없는 또 하나의 이유는 한자가 한국어 어휘의 속속들이 수없이 끼어들어 있기 때문이다. 앞서도 말했지만 누군가 한국어 사전에 실린 어휘의 70%는 한자가 어원이라고 했다.

우리의 이름부터 한자다. 가끔 한국인임을 다짐하려는 듯이 '김기쁜이', '박빛나리' 등으로 이름 짓는 경우가 있으나, 성은 여전히 한문인 金 또는 朴이다. 아메리칸 인디언처럼 이름은 '바위산', '늑대와 같이' 등으로 바꾸는 경우는 없다.

고장의 이름이 '서울'만 빼고는 '춘천', '청주', '부산', '전주' 등 거의 다 본래 한자다. 나는 거리나 고속도로의 표지판에 고장 이름에 한글과 영어만 아니라 반드시 한자도 병기할 것을 제안한다. 호남고속도로에 '비아'라는 고장이 적혀 있는 곳이 있다. '비아'만으로는 아무 뜻이 없다. 한자로 알고 보니 '飛鴉', 즉 나는 까치였다. 까치가 많이 나는 고장인가보다 하는 연상이 가는 이름이다. 영동고속도로였던가 '옥적'이라는 동네 표지판이 있었다. 이것도 한글만으로는 아무 뜻이 없다. 알고 보니 '玉笛'이었다. 갑자기 어디에선가 옥피리 소리가 들려오는 연상을 하게 된다.

숱하게 많은 한국 어휘의 어원이 한자라면, 한자를 쓰지는 않더라도 한자의 뜻을 알면 그 어휘의 뜻을 보다 정확하고 보다 뜻있게 이해할 수 있을 것이다.

중국은 수천 년을 두고 한국에 갖가지 영향을 주었지만, 근래 중국 경제가 비약적으로 발전하면서 이젠 또다시 가벼이 볼 수 없는 경제·군사 대국이 되었고, 한국과의 각종 교류가 급속히 증폭해 가고 있다. 그에 따라 중국 문화의 이해와 중국어 능력의 필요도 증폭되고 있다. 그것이 한국의 경제와 국방에도 긴요하다는 것은 당연하다. 현대 중국어는 고대 한문과 상당히 다르다. 그러나 한자 지식이 중국 문화와 중국어의 이해에 도움이 될 것은 명백하다.

이런 이유를 내건다고 내가 한글 전용을 버리고 국한문 혼용을 주장하는 것은 아니다. 다만 초·중등학교에서 약 1,800개라는 기본 한자는 한 번은 익히 습득할 기회는 있음직하고, 특히 한자 사전이나 인터넷으로 한자의 뜻을 찾아내는 능력만은 꼭 길러 주어야 할 것이다. 한자는 아마도 세계에서 가장 배우기 힘든 문자일 것이다. 많은 외국인이 그 어려움에 넌더리를 낸다고 한다. 그 어려운 한자·한문을 배우고 익히느라고 우리 조상도 무진히 애를 썼을 것이다. 그래도 우리의 지정학적 위상에서는 그렇게 어려워도 초보는 마스터해야 하는 것이 한국인의 피할 수 없는 처지인 것만 같다.

블랙홀

옛날 사람들은 땅 끝 또는 바다 끝이 어딘지 퍽 궁금했을 것이다. 가도 가도 땅 아니면 바다로 끝이 보이지 않기 때문이다. 우리가 살고 있는 땅이 끝이 없는 평평한 것이 아니라 큰 공 같이 생긴 지구(地球)라는 생각을 언제부터 했는지 모르지만, 실제로 지구가 동그란 공 같다는 것을 증명한 것은 16세기 초 마젤란의 지구 일주의 항해였다.

예부터 사람들은 자신이 살고 있는 세계의 불가사의를 궁금해하기도, 그 신비를 풀어 보려고도 했다. 칸트의 유명한 말이 있다. "생각할수록 우리 마음에 외경과 경탄을 자아내는 것이 두 가지가 있으니 하나는 하늘의 빛나는 성좌요, 또 하나는 우리 마음속의 도덕률이다." 칸트의 도덕률에 대한 궁금증은 『실천이성비판』이라는 명작으로 이어졌지만, 우주의 신비에 대한 궁금증은 20세기에 들어와서 '빅뱅' 대폭발 이론으로 서서히 풀리기 시작했다.

다 알다시피 대폭발 이론은 약 140억 년 전 어떤 점으로 무한대로 응축된 엄청난 에너지가 폭발하면서, 미립자, 원자, 분자가 형성되고 그것들이 응집하면서 별들이 되고, 그 별들이 급속도로 사방으로 날아가면서 우주가 형성되었고, 이 우주는 지금도 팽창 일로에 있다는 이론이다.

물론 대폭발 이론 이전에도 이 세계는 지구가 중심이 아니고 태양이 중심이며, 지구를 포함한 여러 행성이 그 주위를 도는 태양계도 수많은 그런 태양계로 이루어진 은하계의 일부이고, 그런 은하계가 이 우주에 무수히 많다는 사실은 이미 알려져 있다. 우리 은하계는 대폭발 후 약 100억 년 전에 형성되기 시작했고, 그 속에서 지구를 포함하는 태양계는 약 50억 년 전에 형성되었다고 한다. 태양은 계속 '타면서' 에너지를 잃어 가고, '거대적성'으로 부풀었다가 '맥동성'으로 찌부러진 다음 '중성자성'이 되고, 결국 약 50억 년 후엔 '블랙홀'이 된다는 것이 천문학자들의 이야기다. 인류는 아마 그 훨씬 이전에 '식어 가는' 태양 때문에 멸종할 것이다.

이런 이야기 중에 내 관심을 끄는 것은 신비한 '블랙홀'이다. 블랙홀은 말하자면 우주의 쓰레기통이다. 블랙홀 속은 중력이 아주 강해 한번 빨려 들어가면 무엇이든 다시 빠져 나오지 못한다. 빛도 빨려 들어가서 나오지 않기 때문에 관측이나 관찰이 불가능하다. 블랙홀 속에서는 시간도 공간도 없다. 천문학자들은 이런 이론에 아인슈타인의 상대성 원리도 원용하고 있다. 애당초 시간도, 공간도 따로 독립적으로 존재하는 것이 아니라 대폭발과 더불어 생겨난 것이라는 알쏭달쏭한 말도 한다.

가령, 사람이 블랙홀 언저리에 산다면 시간이 없거나 더디기 때문에 영생 아니면 장생할 수 있는 셈이다. 그러나 그 전에 무서운 강한 중력 때문에 몸이 갈기갈기 찢어지고 블랙홀에 빨려 들어갈 것이다. 우주엔 곳곳에 그런 블랙홀이 많고, 우리 은하계도 있다고 한다.

내 상상을 자극하는 것은 그런 블랙홀의 '저쪽'이 무엇이냐는 문제다. 언젠가 어떤 천문학자의 글에서, 블랙홀 저쪽에 '화이트홀'이 있고, 거기에서 새로운 대폭발이 일어나면서 새 우주가 탄생하는 것이 아닌가 하는 상상을 읽은 적이 있다. 솔깃한 글이었다.

그런데 근자에 우리가 밤하늘에서 보는 무수한 별의 이 우주가 전부가 아니고, 이 우주 밖에도 또 다른 우주가 무수히 더 많이 있을 것이라는 '다우주' 가설이 심심치 않게 주장되고 있다. 그런 다른 우주는 우리 우주에서는 관측이 전혀 불가능하지만 말이다. 혹 그런 다른 우주들은 이 우주 저 우주의 블랙홀들 저쪽에 있는 '화이트홀'에서 대폭발로 탄생한 우주일까 하는 맹랑한 상상을 해 보게 된다.

더 상상을 뻗으면, 종교를 믿는 사람의 경우엔 그런 다른 우주를 그의 영혼이 옮겨갈 수 있는 '저승'이라고 여길지 모른다. 몸은 사그라져 흙이 되고, 결국은 블랙홀에 빨려 들어가도 영혼은 어떤 모양으로든 그 반대쪽 화이트홀의 대폭발에 따라 다른 우주, 저승으로 빠져나가 영생한다는 환상도 가능할 것이다. 이렇듯 다우주 이론은 온갖 상상과 환상을 가능하게 해서 재미있다.

옛 사람들이 땅의 끝, 바다의 끝이 어디인지 궁금해한 것처럼 우리 삶의 환경, 우주는 아직도 신비가 가득 차 있어 우리의 궁금증과 온갖 상상을 끝없이 자극한다.

부자의 의무

　한국은 지난 반세기 동안 개인당 소득이 백 달러 미만에서 2만 달러를 넘는 경제 발전으로 민생 수준이 전반적으로 크게 상승했다. 거의 모든 사람이 50년 전보다는 훨씬 잘 산다. 하지만 그런 경제 발전에 따라 빈부의 격차도 점점 더 커지는 것이 문제다.

　한국전쟁이 끝나고 수도가 부산에서 서울로 환도했을 때엔, 한국은 모두가 다 어려운 가난의 '평등사회'였다. 하지만 이제는 개인 재산이 아마도 수조 원일 재벌 총수도 있고, 보도에 따르면 연봉이 10억, 30억, 50억 원인 봉급자도 있다고 한다. 연봉이 2천만, 5천만 원인 봉급자에 비하면 까마득한 천양지차다. 그런 부자들이 그 돈을 다 어디에 어떻게 쓰고 있는지가 궁금해진다.

　세계 경제의 역사는 자유를 기치로 하는 자본주의가 평등을 기치로 하는 사회주의보다 경제 발전에 유리하다는 것을 증명하고 있다.

그 단적인 예가 남한과 북한이다. 최근 보도에 의하면 개인당 소득이 남한이 북한의 20배다. 하지만 자유 경쟁의 자본주의 경제는 빈부의 격차를 증폭시키는 단점을 내포하고 있는 것이 문제다. 경제적 불평등이 너무 심화하면 사회 불안의 원인이 될 수 있고, 급기야 자본주의 자체를 위협할 수도 있기 때문이다.

벌써 100여 년 전에 독일의 사회학자 베버(Max Weber)는 그의 유명한 저서 『개신교의 윤리와 자본주의의 정신』이라는 책에서 자본주의의 원만한 성공을 위해서는 몇 가지 기본 덕목이 필수라고 밝혔다.

첫째, 근면의 정신이 필요한 것은 극히 당연하다. 게을러서 일하기를 싫어하면 자본주의건 뭐건 부를 창출할 수는 없다. 개신교에서는 하느님이 세계를 살기 좋은 곳으로 만드는 작업을 인간이 계속할 의무가 있다는 것으로 근면의 덕목을 강조했다. 부지런히 일하는 것을 하느님의 소명으로 생각했다.

둘째, 절약 정신이다. 사업으로 아무리 많이 돈을 벌어도, 그 일부만을 검소한 생활에 절약해서 쓰고 나머지는 저축해서 재투자에 써야 한다는 정신이다.

셋째, 그러고도 남은 부는 사회복지의 증진을 위해서 써야 한다는 정신이다. 즉, 절약한 부는 자기를 위해서가 아니라 사회로 환원, 즉 사회 공익을 위해서 써야 한다는 정신이다. 거기엔 남은 부는 하느님의 영광을 위하여, 즉 좋은 세상을 만들려는 하느님에게 바친다는 뜻이 함축되어 있다.

이런 세 가지 덕목이 부실하면 자본주의는 여러 차질을 빚게 마

그저 좋아서

런이라는 것이 그의 주장이다. 이런 정신이 결여된 것은 말하자면 약육강식의 '천민자본주의'로 전락한다는 말이다.

한때 미국의 거부였던 카네기(Andrew Carnegie)는 「부자의 의무」라는 제목의 글에서 다음과 같은 요지의 말을 남겼다. 즉, 부자는 자기가 번 돈의 일부만 자신과 가족의 검소한 생활에 절약해서 쓰고, 나머지 부는 자기 것이 아니라 사회에 유익한 일에 쓰라고 사회로부터 위탁받은 돈이라고 생각해야 한다는 것이다. 미국의 부호 중에는 사재를 털어서 교육, 의료, 구휼 등 각종 사업에 희사하는 경우가 꽤자주 있다. 그만큼은 미국의 자본주의 경제는 건전한 셈이다. 근래엔 미국의 제일의 갑부라는 빌 게이츠(Bill Gates)가 대표적인 예다.

한국의 경우, 자본주의의 역사가 일천해서 그런지 아직 이런 '자본주의 정신'이 그리 성숙되어 있는 것 같지 않다. 절약의 덕목은 고소득자만 아니라 국민 전체가 잊어 가고 있는 듯하고, 고가의 외제 사치품이 고소득층의 단골이다. 새로운 발전을 위한 연구 개발에 재투자하는 비율도 외국에 비해 극히 저조하다.

한국의 재산가나 고소득자들이 소득의 큰 부분을 사회복지 사업에 희사하는 경우는 아주 드물다. 재벌이 문화재단을 만들어 사회복지에 이바지하는 경우가 있기는 하지만, 그것도 개인 소득에서가 아니라 사업체의 재원에서 출연하는 것이 상례라고 들었다. 아직도 한국의 재벌이나 고소득자들은 자기가 번 돈은 자기 것이라는 생각에서 크게 벗어나지 못하고 있다고 해야 한다. 물론 고소득자들은 누진세율에 따라 저소득층보다 비례적으로 더 많은 세금을 내고 있다. 그것이 일종의 '강제적'인 부의 사회 환원이기는 하다. 하지만 그 세

후에도 빈부 격차는 크고, 그 이상 부를 '자발적'으로 사회에 환원할 수 있는 여유는 크다.

금력과 권력, 부(富)와 귀(貴)는 같은 점, 상통하는 점이 많다. 금력도 한 권력이고, 권력도 금력이 될 수 있다. 권력도 사람들을 부리고, 금력도 사람들을 부릴 수 있다. 권력도, 금력도 사회에 이로운 일을 할 수도 있고 반대로 해로운 일을 저지를 수도 있다.

이렇게 부와 귀가 다 사람을 지배하고 사회의 진로를 결정하는 힘을 가지고 있다면, '귀한 자는 의무가 있다.'는 '노블레스 오블리주'라는 격언과 동시에 '부자는 의무가 있다'는 '리쉬 오블리주'라는 말도 성립되어야 한다. 그것이 바로 카네기가 말하는 '부자의 의무'이고 베버가 말하는 '자본주의의 정신'이다. 한국의 자본주의가 건전하게 성숙하고 발전해 가려면 권력자들은 '귀한 자의 의무'에 충실하고, 부자들은 '부자의 의무'를 다해야 할 것이다. 이런 나의 제언이 고소득자가 아닌 자의 세상 물정 모르는 잠꼬대로 들리지 않기를 바란다.

관 광

추석이나 설 등 좀 긴 연휴 기간만 되면, 인천공항이 외국 관광에 나서는 사람들로 붐빈다. 그만큼 한국 사람들의 생활이 넉넉해졌다는 증거이기 때문에 반겨야 할 현상이다. 하지만 그 사람들의 반이라도 국내 관광으로 발을 돌렸으면 하는 생각이 든다. 국내의 '금수강산'에도 외국 명승지에 못지않은 수려한 곳이 많기 때문이다. 그러면 국내 내수산업도 더 활발해지고 조국 강산에 대한 사랑도 더 깊어질 것 같아서다. 하지만 그러려면 국내 여러 관광지를 많이 재정비해야 할 것이라는 생각도 든다.

나는 어쩌다 외국 관광을 하게 되면 즐기기는 하지만, 굳이 일부러 관광에 나서지는 않는다. 국제회의 관계로 여러 나라에 갔어도, 대개는 회의가 끝나면 곧바로 귀국했고, 회의 기간에 주최 측이 마련하는 관광 프로그램을 따라다니는 것이 고작이었다.

다만 외국 가서 시간이 있으면 될 수 있는 대로 찾아가는 곳이 있다. 미술관이다. 유명한 작가의 회화나 조각을 화첩에서 보는 것과 직접 원작을 살펴보는 것과는 감흥이 아주 다르기 때문이다.

1970년대 언젠가 네덜란드에 회의가 있어서 틈을 내어 암스테르담에 있는 렘브란트 미술관에 들렀다. 그의 명화들이 즐비했다. 그중에 성경 같은 책을 무릎에 쥐고 앉아 있는 금발 노인 그림이 있었다. 화첩에도 나오는 그림이다. 화폭 가까이에 다가가자 꼭 산 사람을 만나는 기분이 들었다. 놀란 것은 그 노인의 희끗희끗한 금발의 머리털 한 오리 한 오리를 일일이 세필로 그린 섬세함이었다. 전체 머리털을 그리느라고 아마 적어도 수백 번 붓놀림을 했을 것 같았다. 흔히 동양화는 붓놀림이 섬세하고 서양화는 굵직하다는 상투적인 생각이 싹 가셨다.

더구나 조각의 원작은 사진첩으로는 '진상'을 알 수 없고, 실물을 여러 시각에서 보아야 제대로 감상할 수 있다. 프랑스 파리의 로댕 미술관에서 감상한 그대로 '생각하는 사람', '피에타', '배제' 등은 정말 제목대로 실감이 넘치는 조각들이었다.

여러 나라의 유명한 미술관에는 세계의 유명 화가나 조각가의 작품이 대개 몇 점씩은 전시되어 있다. 그것을 찾아다니는 것이 외국에 갔을 경우의 내 취미다. 그렇다고 내가 자연 관광에 무감각하다는 뜻은 아니다. 아름다운 산수는 누구에게나 즐거움을 주게 마련이다.

캐나다의 로키산맥 동쪽을 따라 남북으로 나 있는 고속도로 주변에는 자연경관이 수려한 명승지가 많다. 한번은 그 길을 따라 남에서 북으로 가는데, 한 곳에 경찰이 차를 멈추게 하고 '차 속에 혹시

술이 있느냐?'고 검문했다. 맥주건 스카치건 그 관광지에서는 금물
이라고 했다. 그리고 관장지에서는 작은 쓰레기라도 비치된 쓰레기
통에 버려야지, 함부로 버리면 벌금을 물어야 한다고 했다. 그야말
로 뛰어난 경관을 관광만 해야지 다른 짓은 하면 안 된다는 것이다.

　이런 말을 듣고 그 현실을 목도하자 나는 한국의 관광지 풍경을
머릿속에 떠올렸다. 한국엔 산과 물이 어우른 아름다운 계곡이 많
다. 그러나 그런 계곡의 언저리에는 휴일이면 으레 점심판, 술판이
벌어진다. 그런 자리를 돈 받고 빌려 주는 비닐 천막과 좌판이 들어
선 곳도 많다. 비수기에도 그런 낡은 비닐의 천막과 좌판이 흉물스
럽게 남아 있다. 이런 상황은 바닷가 해수욕장 주변도 매한가지다.
그런 곳에 한국을 찾는 외국인 관광객을 데리고 가기는 좀 면구스럽
다. 국내 관광을 한 단계 올려놓으려면 이런 상황은 언젠가는 정비
되어야 할 것이다.

　관광객은 대개 다목적적이다. 자연경관도 보고, 그 나라의 문화도
알아보고, 삶의 현장도 살펴보고, 쇼핑도 하고 등 여러 가지 관심이
있는 것이 보통이다. 내 경우 회의만 아니라 틈 내서 미술관을 찾는
것이 그 예다. 여러 나라, 여러 도시의 미술관은 대개 도시의 중앙
지대에 있는데, 대표적인 미술관인 서울의 국립미술관은 도심에서
훨씬 떨어진 과천에 있는 것도 문제다.

　미술관, 박물관엔 물론 뜻 있는 작품이나 실물이 전시되어야 하지
만, 어쩌면 더 중요한 것은 그 그림이나 실물의 이해를 돕는 장치가
친절하게 마련되어 있어야 한다는 점이다. 대개는 옆에 설명서가 놓
여 있지만, 읽기에 장황해서 그 뜻이 잘 드러나지 않는 경우가 많다.

미국 워싱턴에선가 어떤 미술관에 들렀을 때, 전시물의 설명을 녹음한 작은 기기와 이어폰을 받아 그림을 관람하면서 그 설명을 귀로 들은 적이 있다. 전시물의 이해가 퍽 쉬웠다. 한국에서도 이런 서비스를 시작한 곳이 있다고 들었다.

연휴면 인천공항이 붐비는 상황을 보면서 느끼는 생각을 이어가다보니 어쩌다 관광 전반에 관한 이런 저런 생각으로 이어진 만필이 되었다. 우리 관광공사의 소관사에 너무 지나치게 간섭하지 않았기를 바란다.

9. 자유민주주의 이념을

●

제 행 무 상

　어떤 절에서 한 수도승이 실수로 귀한 도자기를 떨어뜨려 깨뜨렸다. 그는 주승에게 잘못을 사죄했다.

　"괜찮아, 개의치 마라. 제행무상(諸行無常)! 살아 있는 모든 것은 언젠가는 죽게 마련이고, 모양 있는 모든 물건은 언젠가는 깨지게 마련이니라."

　주승의 말이다. 불교에서 말하는 '제행무상'은 세상만사 다 그대로 머물러 있지 않고 끊임없이 변해 가는 것, 따라서 거기에 애착도 집착도 할 필요가 없다는 뜻이다. 불교에서만이 아니다. 옛 그리스 철학자 헤라클레이토스(Heraclitus)도 '모든 것은 유전(流轉)한다.'고 말했다.

　지난날에 찍은 내 사진들을 보면, 다 '나'이기는 하지만 나이가 들면서 많이 달라진 것을 여실히 볼 수 있다. 사람들은 언제나 젊고 싶어 하지만, 다 어쩔 수 없이 조금씩 변하고 늙어 간다. 옛 중국의 진시황(秦始皇)처럼 사방에 신하를 보내 불로초를 찾아오도록 했어도 헛된 일이었다. 모든 생물은 언젠가는 죽게 마련이다. 아예 인간의 DNA에는 사람을 늙어 가게 하고 결국은 죽어 가도록 하는 프로그램이 있다는 설도 있다. 현대 의학이 발달해서 머지않아 인간의 평균수명을 100세 또는 120세까지도 늘릴 수 있다고 호언해도 인간을 불사(不死)의 존재로는 만들 수는 없을 것이다.

그래도 사람들은 끈질기게 젊음을 원하고 그리워한다. '청춘을 돌려다오. 젊음을 다오……'라는 유행가도 있다. 나도 활력이 넘치고 낭만도 많았고 온갖 스포츠를 즐기던 젊은 시절이 물론 그립다. 그러나 '제행무상'의 교훈대로 지나간 것은 지나간 것, 지난 세월에 대한 애착은 잊고 늙어 감과 죽음의 전망 속에 어떤 뜻을 찾는 것이 제 갈 길일 것이다.

영국의 시인 워즈워스(William Wordsworth)의 「어린 시절의 추억에서 얻는 불사(不死)의 암시」라는 긴 시가 있다. 그 말미에 한때 '초원의 빛'이라는 영화로 유명해진 구절이 있다.

한때 그렇게 밝았던 광휘가
이제 영원히 내 시야에서 없어진다 해도,
초원의 빛과 꽃의 영광이 있던 시절을
다시는 돌이킬 수 없다 해도
우리는 슬퍼하지 말고, 도리어
뒤에 남아 있는 시절에서

힘을 찾아내련다
예부터 있었기에 언제나 있을
원초적인 동정심에서,
인간의 고뇌에서 솟아나는
위안을 주는 생각에서
죽음도 꿰뚫어 보는 신념에서,
철학적 사고를 안겨 주는 세월 속에서.

비록 정력이 넘치던 젊은 시절로 돌아갈 수는 없다 해도 뒤에 남은 시절에서 활력을 찾아야 한다. 사람들의 본성인 동정심 속에서, 온갖 고난을 이겨낸 사람들의 교훈에서, 죽음의 달관과 깊은 사색에서 그 활력을 찾아야 한다. 그것이 어쩌면, 이 시의 제목대로, 불사관과 흡사한 것인지도 모른다.

사람만 변해 가고 늙어 가고 죽어 가는 것이 아니다. 이 우주와 만물 전체가 끊임없이 변하고 늙고 죽어 간다. 태고에 지구의 대기는 암모니아와 메탄가스였으나, 언제부터 산소로 변했다. 그런 속에서 생물이 생기고 온갖 생물이 진화하면서 변해 갔다. 지금은 만물의 영장이 된 인간의 소위로 대기는 탄산가스 과잉으로 지구의 기온이 상승하면서 생태계가 변화하고 빙하는 녹아내리고 해수면은 해마다 올라가면서 육지를 잠식하고 있다.

하늘에선 어차피 지구가 속해 있는 태양이 약 50억 년 후에는 원자 연료를 다 태워 소진하면서 지구도 삼켜 버리는 거대 적성이 되었다가 결국 블랙홀이 된다고 한다. 그때엔 푸른 하늘의 낮은 없어지고 언제나 칠흑의 밤이 된다. 그 무수한 별도 언젠가는 다 타서 없어지고 우주는 별 없는 암흑이 된다. 몇 백억 년 걸릴지 모르나 그것이 이 우주의 운명이라고 천문학은 예언한다.

인간이건 우주건 물질·물체의 세계는 모든 것이 변하고 죽어 가는 '제행무상'의 세계다. 불변, 불사의 세계는 인간이 일삼는 정신적 상념(想念) 속에서만 있을 수 있는 것인지도 모른다. 어떤 신(神)을 믿는 사람에겐 신은 절대불변하다. 어떤 이념을 주장하는 사람에겐 그것이 어디에서나 언제나 준수되어야 할 공리라고 믿는다. 과학이나 철학의 학자들이 발견하는 이론은 적어도 의도로는 어떤 경우에도 작용하는 보편타당한 진리라고 믿는다. 음악, 미술 등 예술가도 그의 작품이 어떤 불변의 미(美)나 진(眞)을 드러내기를 원한다. 변화무쌍한 세계 속에서도 불가(佛家)들은 그 제행무상을 초극함으로써 어떤 깨달음의 열반(涅槃) 세계에 들려고 한다. 어지럽게 변해 가는 세계 속에서 항상스러운 항심(恒心)은 사람인 내가 찾아내야 한다.

보다 일반적으로, 우리에겐 '변화'에 대한 슬기로운 대응의 지혜가 필요하다. 특히 현대 사회에서는 만사가 좋게건 언짢게건 느리게 또는 빠르게 변해 가게 마련이다. 한국은 1960년 개인 소득 100불 미만에서 반세기만에 2만 불로 '변화'했다. 또 한편 매년 새로운 지식은 기하급수적으로 팽창하면서, 많은 지난날의 지식을 퇴물화하고 있다. 이런 '제행무상'의 세계에서는 변화에 슬기롭게 적응하고 때로는 변화를 슬기롭게 선도하는 지혜가 개인과 사회의 생존에 필수 조건일 것이다.

그 친구는 갔다

K가 갔다. 70년간 지기지간이었던 K는 나보다 한 살 위인 나이로 홀연 세상을 떠났다. 그 닷새 전에도 냉면을 먹자고 해서 한 냉면집에서 같이 잘 먹고, 내 차로 집에까지 데려다 주었는데. 부인의 말에 의하면, 그 날 저녁도 잘 먹고 밤에 자리에 들었는데, 오전 4시경 기척이 이상해서 보았더니 이미 세상을 떠났다고 했다. 누군가 "사람은 살았을 때처럼 죽어 간다."고 했는데, 독실한 불교신자였던 K는 아무에게도 폐를 끼치지 않고 부처님처럼 조용히 갔다.

내가 불교에 관해서 모르는 것이 있으면 K에게 자주 묻곤 했다. 눈이 점점 흐려져 잘 안 보이게 되는 '황반병'인가 하는 어려움을 겪으면서도 노년에는 매일 아침을 절에 가서 면벽하고 좌선으로 보냈다. 나는 "자네는 반부처님이 다 됐네!"라고 자주 농했다. 성격은 독실한 불가답게 언제나 온화하고 남의 마음을 편하게 해 주었다.

냉면을 좋아해서 자주 같이 먹었는데, 언제나 냉면 그릇을 씻은 듯이 국물도 고춧가루 한 점도 남기지 않고 깨끗이 먹어치우곤 했다. "그렇게까지 절간에서 먹듯이 깨끗이 씻은 듯 먹어야 하나? 짠 국물을 다 마시면 염분 과잉으로 좋지 않은데."라고 해도 그는 막무가내였다. 그렇게 냉면 한 그릇 깨끗이 비우는 식성이 있으니, 눈이 잘 안 보이고 귀가 좀 어두워도 나보다 몇 년은 더 살 것이라고 나는 생각했다.

70년간 지기에 같은 전공의 교수생활을 했고 동년배였기에 그의 죽음은 내겐 남달리 슬펐다. 그러나 생각해 보면 내 슬픔도 부질없는 심사일지도 모른다. 결국 죽음은 피차간에 '끝'이기 때문이다.

내가 가까이에서 처음 죽음을 목도한 것은 내 스물다섯 살 때 열 살 터울의 남동생이 심장판막 장애로 시름시름 앓다가 갔을 때였다. 나에겐 더없이 귀엽고 귀한 아우였다. 임종을 지켜보다가 아우의 죽음을 보는 순간엔 눈앞의 현실이 정말 현실 같지가 않고, 무슨 한 폭의 종이그림 같이 왈칵 잡아 찢으면 그 뒤에 동생이 살아 있는 세상이 있을 것만 같은 환각을 느꼈다. 그래도 눈앞의 현실은 찢어지지를 않았다. 죽음의 장막은 그토록 견고했다.

내가 어떤 절에서 '삶은 그저 뜬구름이 생기는 것이오, 죽음은 그 뜬구름이 사라지는 것일 뿐, 본래 그 실제가 없는 것인데 사람들이 공연히 거기에 마음을 쓴다.'라는 뜻의 짧은 글을 읽은 것이 아마 그 때였을 것이다. 하지만 생사에 관해서 그렇게 부처님처럼 덤덤할 수 없는 것이 중생일 것이다.

성삼문이 세조에게 처형당할 때 죽음을 앞에 두고 지은 절명시(絶

命詩)가 생각난다.

> 擊鼓催人命 (북을 쳐 사람 목숨을 재촉하는데)
> 回首日欲斜 (머리를 돌려보니 해는 기울었다)
> 黃泉無一店 (황천 길엔 주막도 없으려니)
> 今夜宿誰家 (오늘밤은 뉘 집에서 잘 것인가)

　어딘지 생사에 초연한 선비의 모습이 엿보이면서도 '뉘 집에서 잘 것인가'를 생각하는 일말의 미련은 남아 있어 보인다. 혹 K는 부처님 가르침대로 그런 미련마저 없이 초연했을까?

　생사를 덧없이 나타났다가 사라지는 뜬구름으로 본다는 생사관은 도리어 죽음에 대한 사람들의 추억이 결국 뜬구름처럼 엷어져 가는 데에서 작용하는 것만 같다. 당시에 그렇게 애절했던 동생에 대한 추억도 해가 지나면서 뜸해지고, 그렇게 애통하게 어머니·아버지의 묘지에 엎드려 울었던 추억도 이제는 자주 하지 않는다. 모든 설움이 점점 망각의 뜬구름 속으로 사라져 간다.

　나도 올해 91세, 길게도 살았지만 갈 날도 멀지 않다. 나도 K처럼 가족이나 주변에 길고 짐스러운 폐를 끼치지 않고 홀연 편안하게 가고 싶다. 죽음은 결국 고독한 죽음이다. 누군가 위로해 주고 슬퍼해 준다고 죽음이 '덜해지는' 것도 아니고, 죽음 후에 어떤 '주막'이 기다리고 있는 것도 아니다. 무(無)에서 생겨났다가 그저 다시 '무'로 돌아가는 것이다.

　일본의 한 승려 시인이 지은 아주 짧은 '하이꾸'라는 형식의 시가 있다. 동음이의(同音異義)의 말을 인용해서 익살스럽게 표현한 초탈한 생사관이 엿보이는 시다.

> "이 세상 이제 하직하련다.
> 재만 남기고 향의 연기와 같이, 안녕!"

몸은 타고 남은 재처럼 땅에 스러지고 '나'라는 존재는 연기처럼 흔적도 없이 사라진다는 뜻이다.

모나드

대학생 시절 어떤 철학사 책을 읽어 가면서 독일의 철학자이자 수학자인 라이프니츠(Gottfried Leibniz)의 '모나드(monad)'설을 알게 되었다. 그 설의 요지는, 이 우주 모든 물체의 궁극적인 구성 요소는 극히 미소한 모나드라는 것인데, 그 모나드에는 각기 다 이 우주의 구석구석이 반영되어 있다는 것이다. 먼지보다 작은 입자 속에 전 우주의 축소판이 들어가 있다는 말인 셈이다. 나는 그때 '철학자는 별 황당무계한 상상도 다 하네.'라고 생각하면서 더 이상 별 관심을 두지 않았다.

그러다가 몇 해 전에 불교의 어떤 경문에서 '일미진중함십방(一微塵中含十方)'이라는 문구를 발견했다. 한 알의 미소한 먼지 속이 밖의 모든 세계를 머금고 있다는 말이다. 나는 번득 '가만있자, 이게 라이프니츠의 모나드하고 같은 말이 아닌가!' 하는 생각이 들었다. 이 말이 불가에서 정확하게 어떤 맥락에서 어떤 뜻을 지니고 있는 말인지는 알 수는 없다. 다만, 이 세상만사는 서로 가까이 또는 아주 멀리 떨어져 있어도 다 서로 인연(因緣) 또는 매개(媒介)로 이어져 있다는 뜻으로 해석해 본다.

모나드설이나 '일미진중함십방' 경문을 가장 잘 '입증'하는 비근한 예는 아마도 희한한 인터넷이나 스마트폰일 것이다. 내 방의 한 지점에서 내 스마트폰이 미국이나 독일의 어떤 지점에 있는 친구의 스마트폰으로 이어져 통화할 수도 있고, 인터넷을 통해 미국 국회도서관의 책을 찾을 수도 있다. 내 방의 한 지점이 세계의 모든 지점을 전자파를 매개로 '반영하고', '품고' 있다는 말이다. 내 것만 아니라 지구상 수십억 개의 스마트폰이 무수한 지점에서 무수한 지점으로 이어지는 전자파가 이 지구 공간을 빽빽하게 채우고 있을 것이다. 가히 '일미진중함십방'이다. 이런 생각은 다른 여러 가지 생각으로 이어진다.

애당초 우리가 밖의 어떤 대상을 오관으로 보고 듣고 맡고 만지고 맛보고 하는 것 자체가 나와 외계와의 '이어짐'이다. 내 감각기관의 '점'들이 모여 대상의 점들에 이어짐이다. 나아가 우리가 어떤 대상을 '아는' 것도 이어짐이고, 그것에 관해서 '생각'하는 것도 이어짐이다. 밤하늘의 무수한 별을 바라보는 것도, 그중 수성, 금성, 화성이 어느 것인지 아는 것도 나와 그 별들과의 이어짐이다. '나'라는 '일미진'이 '함십방'하는 셈이다. 그리고 보면 모든 학문은 그 이어짐을 밝히는 노력이라고도 할 수 있다.

희한한 것은 우리가 오관으로, 때로는 정밀한 기기의 도움을 받으며 어떤 대상을 보고 듣고 만지면서 관찰할 때, 우리가 능동적인 주체고 그 대상은 수동적인 객체인 것만은 아니라는 사실이다. 누가 어떤 대상을 보고 있으면 그 대상 자체가 달리 행동한다. 예컨대, 공부를 안 하다가도 '내주 시험 본다!'면 공부한다. 하는 짓이 보통 때와는 달라진다. 게으른 사원도 사장이 순시한다면 부지런을 떨고, 가끔 불법주차를 하는 사람도 CCTV가 보고 있다면 잘하지 않는다. 지능검사, 적성검사 등 거의 모든 심리검사는 평소 행하는 '일상 능력'을 재는 것이 아니라 테스트라는 압력하에 행하는 '최대 능력'을 재고 있을 뿐이다. 최대 능력이 반드시 일상 능력을 반영하지는 않는다.

같은 사정이 물리학에도 있다. 큰 물체의 운동은 관측 방법의 영향을 별로 받지 않지만, 미세한 원자 등 소립자 운동은 관측 방법의 영향을 크게 받는다. 관측하려면 대상에 어떤 에너지, 예컨대 광선을 가해야 하는데, 소립자들은 그 광선의 영향을 받기 때문에 위치와 운동을 동시에 정확하게 파악할 수 없게 된다. 이른바 '부확정성'이 작용한다. 인간현상에서도 물리현상에서도, 관찰자와 피관찰자의 이어짐은 일방적인 작용이 아니라 양방적 작용이다.

모나드 이론도 '일미진중함십방' 경문도 또 하나의 시사를 던진다. 즉, 모든 것은 개체인 동시에 전체의 일부고, 개체는 전체에 이어지고, 전체는 개체 속에 반영되고 함축되어 있어야 한다는 시사다.

전제주의 국가에서는 인간의 개체적인 존재가 거의 무시되고 개체 속에 전체만 들어앉아 있는 셈이지만, 개체적 인권을 중시하는 자유민주주의 국가에서도 국민 개인 속에 타인의 인권 존중과 국가

의 향방이 함축되고 반영되어 있어야 한다는 것을 시사한다. 민주
국가에서도 개체와 전체는 이어짐이 있어야 한다.

이와 같이 생각하면 언뜻 황당해 보이는 모나드 이론도, '일미진
중함십방' 경문도 깊은 뜻이 있다고 해야 한다.

우주와 나

밤하늘엔 별들이 찬란하다. 서울에선 사방의 전등불 때문에 밤하늘이 뿌옇기에 그런 별 하늘을 보기 어렵지만, 지금도 전깃불이 드문 산골에 가면 맑은 날 밤엔 별들이 그렇게 찬란하다. 그 별 하늘이 바로 우리 우주다.

별 하늘은 옛날부터 사람들에게 온갖 호기심과 상상력을 자극했다. 몇 개 별을 성좌로 연결해서 동화나 신화를 상상하고, 점성술로 나라의 운명이나 개인의 운수를 점치기도 했다. 하지만 역시 제일 궁금한 것은 별들의 우주가 언제 어떻게 생겼으며, 얼마나 멀고 얼마나 크고 그 '끝'이 어디인지 등 우주의 '실상(實相)'일 것이다. 그런 실상에 관한 과학적 탐구와 이론은 겨우 20세기에 들어와서야 밝혀지기 시작했다.

아마 속세(俗世)와 제일 거리가 먼 학문은 천문학일 것이다. 천문학이 말해 주는 우주의 장구하고 심원한 이야기를 읽고 있으면 속세에 사느라고 아웅다웅하는 일이 우스꽝스러울 정도로 부질없고 '무의미'하다는 생각이 든다.

천문학은 밤하늘을 장식하는 우주가 약 140억 년 전에 '대폭발'로 시작했다고 말한다. '대폭발 이론'은 무한량으로 방대한 에너지가 어떤 한 점(点)으로 응축되었던 것이 폭발하면서 물질을 만들어 내고 그 물질들이 뭉쳐 무수한 별들이 되어 급속도로 퍼지고 팽창하면서 우주를 형성했다고 한다. 그 우주는 지금도 계속 팽창하고 있다. 이 우주의 140억 년을 1년이라고 간주하고 계산하면, 인류의 탄생은 1년이 거의 다 지나간 그믐날 12월 31일 21시쯤이고, 지금 내가 100년을 산다 해도 그것은 그 끝자락 그믐날 23시 59분 59초의 마지막 5분의 1초도 안 된다. 우주의 역사에서 보면 사람의 일생은 그야말로 반딧불이 한 번 반짝하고 마는 시간보다 짧은 시간이다. 장구한 우주 속에서 나의 삶은 그저 반딧불보다 짧은 덧없는 수유(須臾)의 삶이다.

우주는 그렇게 장구할 뿐만 아니라 '무지하게' 광대하다. 태양에서 제일 가까운 다른 행성에 날아 가려면 제일 빠른 제트기로 500만 년이 걸린다. 상상도 할 수 없이 멀다. 그렇게 서로 멀리 떨어져 있는 행성들이 태양이 속해 있는 은하계엔 약 1,000억 개가 있다. 은하계와 같은 성운(星雲)들이 이 우주엔 또 무수히 많다. 밤하늘의 별들이 밤하늘의 둥근 표면에 가지런히 붙어 있는 것 같이 보이지만 그 들쭉날쭉은 상상도 할 수 없이 심원(深遠)하다. 지금까지 제일 멀리 관측된 별은 130억 '광년' 떨어져 있는 별이다. 알다시피 한 광년은

빛이 1년을 날아가는 거리를 말한다. 이 우주는 기가 아득해질 정도로 크고 멀고 깊다. 이런 우주 속에서 '나'라는 존재는 티끌만도 못한 극미(極微)한 존재다.

더구나 천문학은 더 어리둥절한 말을 한다. 즉, 우리가 당연한 소여를 생각하고 있는 '시간'과 '공간'은 본래 없었던 것이 대폭발과 동시에 생겨났다는 이야기다. 대폭발 '이전'엔 시간도 공간도 없었고, 애당초 그 '이전'을 따지는 자체가 무의미하다는 것이다. 그렇다면 애당초 시간적으로 장구하고 공간적으로 광대하다는 생각 자체가 무의미하고 공허한 것인가? 그리고 인간의 삶도 수유·극미의 존재라고만 생각할 필요는 없을 것인가?

최근에 대두하고 있는 더 아득한 이론에 '다우주 이론(multiverse theory)'이 있다. 우리가 살고, 보고 있는 이 우주는 하나의 우주(universe)일 뿐이고, 이 우주 밖에도 우리가 보거나 관측할 수는 없지만 무수한 다른 우주가 여러 이론상 있을 수 있다는 이론이다.

그 근거는 '현 이론(string theory)'과 양자역학이라고 한다. 내 전공이 아니어서 깊이 알지는 못하지만, 물질의 궁극적인 실체는 알갱이 같은 소립자가 아니라 어떤 고무줄 같은 에너지의 현(絃)이고, 그 현의 진동 주파수에 따라 서로 다른 소립자가 형성된다는 것이 '현 이론'이다. 그리고 극미의 소립자 세계에서는 물질의 운동이 결정론적이 아니라 확률론적으로 진행된다는 것이 양자역학이다.

따라서 '현'의 진동 여하에 따라 별의별 소립자들이 다 생겨날 수 있고, 그 소립자들의 운동과 결합이 확률론적으로 갖가지로 진행되면서 우리 우주와는 물질의 성질도, 운동 법칙도 전혀 다른 우주가 있을 수 있다는 것이다. 일설에는 다른 우주가 10^{115}개 있을 수 있다고 한다. 10의 115승이란 1뒤에 0이 115개가 달린 숫자로, 실질적으로 무수한 우주가 있다는 말이다.* 우리 우주는 그중 하나일 뿐이라는 것이다. 관측도 실증도 없지만, 다우주는 그런 이론들의 귀결이라는 주장이다.

140억 년의 세월, 130억 광년의 공간인 우리 우주 속에서도 '나'라는 인간은 까마득한 미소, 수유의 무의미한 존재로만 느껴지는데, 더구나 무수한 다우주가 있다는 생각 앞에서는 인간이란 더 미미하고 더 무의미한 존재로 느껴진다.

그러나 그렇게 수유, 극미의 존재인 인간은 그런 속에서도 어떤 영구하고 심원한 '의미'를 찾으려고 무진히 온갖 노력을 기울인다. 그래서 신화·종교도 상상해 내고, 철학과 윤리도 찾고, 문학·예술·과학도 창조해 낸다. 인간이 그저 동물임을 넘어서서 이런 문화와 문명을 찾고 만들고 하는 일은 결국 우주 앞에 무의미해지는 자신에게서 어떤 '의미'의 세계를 찾으려는 안쓰럽고 가련한 노력일지도 모른다. 즉, 인간의 문화·문명은 미소감, 수유감, 무의미감을 극복하려는 노력인 셈이다. 어떤 사물을 '안다'는 것은 어떤 뜻에서는 그것을 '안는다', '품는다'는 것을 뜻한다. 인간이 우리 우주가 이렇게 생겼다는 것을 아는 것 자체가 미소와 수유의 존재 속에서 심원한 우주를 품고 있다는 말이 되는 셈이다. 그러면서도 그 자신은 반딧불처럼 반짝하다 가야 한다.

---

*Lightman, A., The Accidental Universe(Random House: N. Y., 2013).

자유민주주의 이념을

　나는 태생은 서울이지만, 아버님 직장의 전근 관계로 세 살부터 열 살까지 가장 심신의 발달이 왕성한 시기를 지금은 북한의 함경도 북청에서 지냈고, 그 후엔 남한의 여러 소도시, 그리고 서울에서 살아왔다. 해방은 서울에서 스무 살 때 맞이했다. 아직도 북한의 북청은 꼭 한번 가보고 싶은 '마음의 고향'으로 남아 있지만, 지금 와서 생각하면, 해방 당시 남한에 살고 있던 것이 천만다행이었다. 남한은 자유민주주의를 국가 이념으로 정했기 때문이다.

　물론 당시 약관 20대인 내가 자유민주의 국시를 선택한 것도 아니고 제정한 것도 아니다. 당시 한반도가 양단되어 남에는 자유민주의 미군이, 북한에는 공산독재의 소련군이 진주했다는 사실, 그리고 헌법을 제정한 선각자들의 신념이 합해서 남한의 대한민국에서는 자유민주주의가 국가 이념으로 천명되었다. 그 후 많은 우여곡절을 겪으면서도, 자유민주주의의 우월성은 지금 남북한의 여러 차이에 비추어도 명백하다.

국가이념은 매우 중요하다. 그 이념은 한 나라의 정치 체제를 규정할 뿐만 아니라, 정치·경제·문화에 걸친 국민의 생활과 행동 전반을 방향짓고 또 방향지어야 할 규범들을 함축하고 있기 때문이다. 따라서 국가 이념이 국민에게 얼마나 투철하게 이해되어 있고 실천화되어 있느냐는 그 국가의 영고성쇠(榮枯盛衰)를 결정한다. 더구나 유럽에서처럼 현대 국가 성립 이전에 전지전능의 위력을 지닌 신을 전제로 하는 기독교가 있어서, 그것이 사람들에게 강력한 정신적 통제력을 행사했던 경우와 달리, 한국처럼 국민 전체에 영향을 주는 그런 조직적 종교가 없는 상황에서는 국가 이념의 천명과 실천화는 더더욱 긴요해진다. 유교는 종교가 아니라 실천철학이고 불교는 조직적 종교지만 위압적인 신이 있는 유신론적 종교는 아니다.

우리는 가끔 『삼국유사』의 건국신화에 나오는 '홍익인간(弘益人間)'을 국가 이념으로 내세우는 경우를 본다. 그러나 그것은 그저 신화의 한 가닥일 뿐, 국가 이념이기엔 너무 '무형태'적인 삽화다. 하지만 굳이 견강부회하면 '홍익인간'은 인간을 존중하는 인권사상을 기조로 하는 자유민주주의 이념과 일맥상통한다고 생각할 수는 있다.

우리에겐 두 가지 난점이 있어 보인다. 하나는 '이념'을 너무 가벼이 생각하는 경향이고, 또 하나는 '자유민주주의'를 너무 간단하게 해석하고 있는 현실이다.

현대는 '무이념'의 시대라는 말이 있다. 이념이야 무엇이든 실리만 얻을 수 있으면 된다는 뜻이다. 중국의 등소평이 한때 '쥐만 잡아 내면 흰 고양이건 검은 고양이건 다 좋다.'고 한 말이 이런 생각이다. 그러나 얼마나 실리를 더 잘 얻을 수 있느냐도 결국 이념이 정한다. 등소평의 말은 결국 골수 사회주의보다 자본주의가 실리에 유리하다는 것을 뜻했다. 아랍의 청소년들은 그들의 무슬림 종교 이념 때문에 자살 폭탄테러를 강행하고, 이스라엘의 청소년들은 그들의 유대교 이념이 정신적 무장이다.

물론 한 이념이 다른 이념들을 극도로 배타적으로 적대시하는 과격한 급진성을 띠는 것은 서방과 아랍 관계에서 보듯이 서로 해롭다. 그리고 한 이념의 현실적 표출은 시대적 사회 여건에 따라 다를 수 있다. 같은 민주주의에도 대통령 중심제도 있고 내각 중심제도 있고, 자유를 기치로 하는 자본주의도 빈곤이나 공황 시에는 정부의 통제가 가중될 수밖에 없다. 한 이념이 이렇듯 계속적 재조정의 유연성은 지녀야 하지만, 그 중핵적인 기치는 명확하게 작용한다.

또 한편 우리는 자유민주주의를 너무 간단히 해석하는 경향도 깊이 반성해야 한다. '민주주의'를 그저 1인 1투표의 총선거 정도로, 자유를 아무 간섭을 받지 않는 방임상태라는 정도로만 해석하고 있는 경향은 도리어 자유민주주의의 존립 자체를 위태롭게 한다.

여기에서 자유와 민주주의에 관한 강론을 펼 생각은 없다. 다만, '자유'란 철학자 칸트의 도덕론, 밀의 자유론, 사르트르의 실존사상에서 알 수 있듯이 정치적 개념인 동시에 종횡으로 그 뜻을 살펴야 할 지극히 심오한 도덕적인 개념이다. 인권 개념을 근간으로 하는 '민주주의' 역시 19세기 프랑스 정치학자 토크빌이나 근래 미국 정치학자 달이 누누이 강조했듯이, 그 원만한 운영에는 국민에게 여러 '지적·도덕적' 특성의 계발이 필요한 정치 이념이다. 자유도 민주주의도 깊은 성찰 없이 호락호락 생산적으로 향유할 수 있는 이념이 아니다.

나는, 우리 사회에서 벌어지는 각종 비리의 사건들—국회에서의 완강한 여야 대립, 잦은 불법 데모, 각계각층의 부정부패 사건 등의 한 중요한 원인은 자유민주주의 미숙 또는 왜곡된 이해라는 생각을 자주 하게 된다. 자유민주 이념인 인간 존엄·인권 존중의 사상에 철저하다면 이런 비리는 있을 수 없을 것이기 때문이다. 그리고 무엇보다도 자유민주주의의 이해와 실천이 충실할수록 그만큼 대한민국의 국기(國基)가 튼튼해진다. 또한 투철한 자유민주주의 사상의 투철한 이해와 그 실천은 다른 나라가 우러러보게 되는 국격(國格)을 갖추게 하면서, 동시에 국제적 신임도를 높임으로써 한국의 정치적·경제적·문화적인 국제활동을 원활하게 한다. 그리고 언젠가는 다가올 통일과 그 성숙에서 원활한 주도권을 행사하는 일에도 필수다. 이런 관점에서 나는 두 가지를 제안한다.

첫째, 초등학교와 중·고등학교 그리고 대학의 교양과정 전반에서 자유와 민주주의에 긴요한 지적·정서적·도덕적 특성의 교육을 현재보다 훨씬 심층적으로 강화해야 한다는 제안이다. 앞서 언급한 토크빌도 미국의 정치교육에 가까운 초·중·고등학교의 공교육이 미국 민주주의의 주요한 원동력이라고 관찰했다.

또 하나는 한국의 여러 학계와 언론계에서도 좀 더 자주 자유민주주의의 주지(主旨)를 반추하고 그 현황을 분석·성찰하는 공론의 장을 정기적으로 벌여야 한다는 제안이다. 자유민주주의의 완성은 이상일 뿐, 현실은 그 이상으로의 끊임없는 접근일 수밖에 없기 때문이다.

저자 소개

정범모

약력

서울대학교 사범대학 졸업

미국 시카고대학교 철학박사

서울대학교 사범대학 교수 및 학장

한국교육학회장, 충북대학교 총장, 한림대학교 총장

대한민국학술원 회원, 한국행동과학연구소 회장 역임

현재 한림대학교 명예 석좌교수

저서

교육과정 | 교육평가 | 교육심리통계적 방법

가치관과 교육 | 교육과 교육학 | 미래의 선택

인간의 자아실현 | 한국의 교육세력 | 창의력

한국의 내일을 묻는다 | 학문의 조건 | 그래, 이름은 뭔고

한국의 세 번째 기적 | 교육난국의 해부(편저)

교육의 향방 | Development and Education

내일의 한국인 | 한국교육의 신화 | 격동기에 겪은 사상들 등

그저 좋아서

소망이 담긴 수상

2015년 4월 10일 1판 1쇄 인쇄
2015년 4월 20일 1판 1쇄 발행

지은이 • 정범모
펴낸이 • 김진환
펴낸곳 • ㈜ **학지사**
　　　　121-828 서울시 마포구 서교동 양화로 15길 마인드월드 빌딩
대표전화 • 02)330-5114　　　　팩스 • 02)324-2345
등록번호 • 제313-2006-000265호

홈페이지 • http://www.hakjisa.co.kr
커뮤니티 • http://cafe.naver.com/hakjisa

ISBN 978-89-997-0664-6　03370
Copyright ⓒ 2015 hakjisa Publisher, Inc.

정가 13,000원

인터넷 학술논문 원문 서비스 **뉴논문** www.newnonmun.com

이 도서의 국립중앙도서관 출판시도서목록(CIP)은 서지정보유통지
원시스템 홈페이지(http://seoji.nl.go.kr)와 국가자료공동목록시스템
(http://www.nl.go.kr/kolisnet)에서 이용하실 수 있습니다.
(CIP제어번호: 2015008218)